中公新書 2200

橘木俊詔
迫田さやか 著

夫婦格差社会

二極化する結婚のかたち

中央公論新社刊

はしがき

日本は格差社会化している。

一部に異を唱える人はいるが、この認識は今や多くの合意を得ている。格差社会について、すでにかなりの数の本が書かれているが、本書の関心は、格差のなかでも「夫婦間の格差」、すなわち高所得を得ている夫婦と低所得に苦しむ夫婦との間の格差に置かれている。

格差を語るとき、われわれがまず注目しがちなのは「個人の所得・賃金」である。しかし、人は一人で生きることは少なく、通常は家族を構成して暮らす。そのため、「家計所得」が重要な概念となる。だが、その家計の核となっている夫婦間の格差については、これまで十分に論じられてこなかった。

まず第1章で扱うのは、夫と妻の所得の関係である。ひと昔前であれば、「夫の所得が低ければ、家計所得を高くするため妻が働き」、「夫の所得が高ければ、家計所得が十分あるので妻は専業主婦となる」傾向にあった。経済学ではこれを「ダグラス・有沢の第二法則」と呼ぶ。現在もこの法則が有効なのか、検証する。

私たちの仮定はこうである。今や夫の所得額とは無関係に、妻は働くか働かないかを決定しているのではないか。そうならば、「夫の所得が高くても妻が働く夫婦」は、家計所得がとても高くなるだろう。一方で、「夫の所得が低くても妻が働かない夫婦」（妻のみが働いている世帯もあるが、いまだ少数であるため、このような表現で統一する）の家計所得は非常に低くなる。このことは家計所得の格差拡大（すなわち不平等化）を促すので、日本社会の格差拡大を説明するひとつの要因になっているのかもしれない。

そもそも夫婦とは、一人の男性と一人の女性が「結婚」という契約を結んで、経済生活をともにするものである。そこで第2章では、彼らの職業や所得はどのような組み合わせか、どういう学歴（中卒、高卒、大卒など）の組み合わせの男女が結婚するのか、さらに、どの学校（とくに大学）を卒業した男女の組み合わせが一緒になるのか、分析する。

第3章では、前章で得られた発見、すなわち現代は、「ともに高学歴・高職業・高所得の夫婦が現れる一方で、低学歴・低職業・低所得の夫婦も目立つ時代となっている」ことを踏まえて、前者を「パワーカップル」、後者を「ウィークカップル」と呼び、検討したい。結婚は本人たちの自由意思で決まるから、両極端の夫婦たちを周囲が批判することなどできない。だが、彼らが存在するという「事実」を示すことは、格差社会化する日本を考えるうえで有益だろう。

第4章では、不幸にして結婚相手にめぐり会えない人、続く第5章では、結婚しても離婚に至ってしまう人を、それぞれ論じる。もちろん、自ら進んで独身を選ぶ人もいることは念頭に置かねばならない。だが、いまだ大多数が結婚を望んでいる日本社会においては、夫婦の関係を築けない（築いても壊してしまう）人たちは、夫婦格差社会において、もっとも苦しい立場にいるという見方もできる。

最後の第6章では、これまでの議論が都市と地方でどう異なっているか、検討する。現代社会の傾向を論じるとき、ともすれば大都市の新しい動きにばかり目を奪われ、地方の状況を見落としがちである。とりわけ夫婦関係については、都市と地方で考え方や実態に大きな違いがあることが予想される。その差異に注目したい。

人生の長い期間にわたり生活をともにする「結婚」そして「夫婦」というあり方は、

われわれにとって生活の基礎であり、とても重要なものである。本書を通して、日本の夫婦の現状を知ってもらえれば幸いである。

目次

はしがき　i

第1章　夫の所得と妻の所得――不平等の鍵はどちらに……3

1　日本の格差と貧困　4

貧困大国ニッポン　稼ぎ手の数が鍵を握る　問題は世帯所得か、個人所得か

2　妻が働くか、働かないか　11

女性の労働力率の推移　さらば「ダグラス・有沢の第二法則」　追加の視点　妻の所得の影響　妻の労働が格差を拡大する時代　高所得夫婦、低所得夫婦　所得別、夫婦の特性

第2章　どういう男女が結婚するのか……39

1　結婚相手に何を望むか　40

なぜ一夫一婦制なのか　相補説と類似説　晩婚・未

婚・離婚原因の三仮説　男は外見を、女は収入を重視する理由　未婚者は相手に何を望んでいるか
2　結婚に至るプロセス　54
恋愛か見合いか　どこで出会うか　結婚のメリット
3　理想と現実　64
夫婦の学歴差　大学名へのこだわりはある　東大卒は誰と結婚しているか　夫婦の職業はどうか
第3章　パワーカップルとウィークカップル……79
1　パワーカップル　83
女性医師の増加　医師夫婦　法曹夫婦　研究者夫婦　管理職夫婦という可能性　アメリカの例
2　ウィークカップル　100
貧困者は誰か　非正規労働と結婚　配偶者の有無別に見た貧困率

第4章　結婚できない人たち……111
1　めぐり会えない　112
生涯未婚率の上昇　結婚できない理由　交際相手もいない未婚者たち　職場結婚の衰退　友人が減り始める年齢　異性との交際への不安
2　三〇〇万円の壁　126
年収別の婚姻・交際　苦しむ若者を救うために
3　結婚と子どもの意義　135
結婚して女性も働くことの利点　子どもをもつことの意義　共働き夫婦が子どもをもてるように

第5章　離婚による格差……143
1　離婚のメカニズム　144
離婚率の上昇　四つの別れ方　経済理論で考える

2　誰が別れるのか　152
離婚確率を上げる要因　離婚を決定する客観的要素
養育費制度の破綻　離婚で貧困に陥らないために

第6章　地域差を考える……165

1　都市と地方　166
都市に住むと結婚しないのか　規模別に考える

2　出会いから結婚後まで　175
出会いの地域差　妻は働くか　都市は専業主婦、地方は共働きの理由

あとがき　190

参考文献　196

夫婦格差社会

第1章 夫の所得と妻の所得——不平等の鍵はどちらに

1　日本の格差と貧困

夫婦間の格差について検討する前に、まずは日本社会全体の格差問題から話を始めよう。

貧困大国ニッポン

一九九〇年代の日本において、「日本は格差社会か」という論争があった。戦後の日本は長期間にわたって「一億総中流社会」であるとされ、貧富の格差が小さい国であると信じられてきた。しかし「一九八〇年代あたりから日本の所得格差が拡大している」という指摘を、本書の著者の一人である橘木俊詔がその著書（橘木〔1998, 2006〕）で提起し、論争がわき上がった。

図1―1を見ると、再分配所得（課税前所得から税金や社会保険料を控除した額〔課税後所得〕に年金などの社会保障給付を加えた所得）において、ジニ係数（不平等の度合いを示す指標。ゼロに近いほど平等、一に近いほど不平等となる）がゆるやかに上昇しており、不平等化が進んでいるのがわかるだろう。第一次オイルショック（一九七三年）直前に

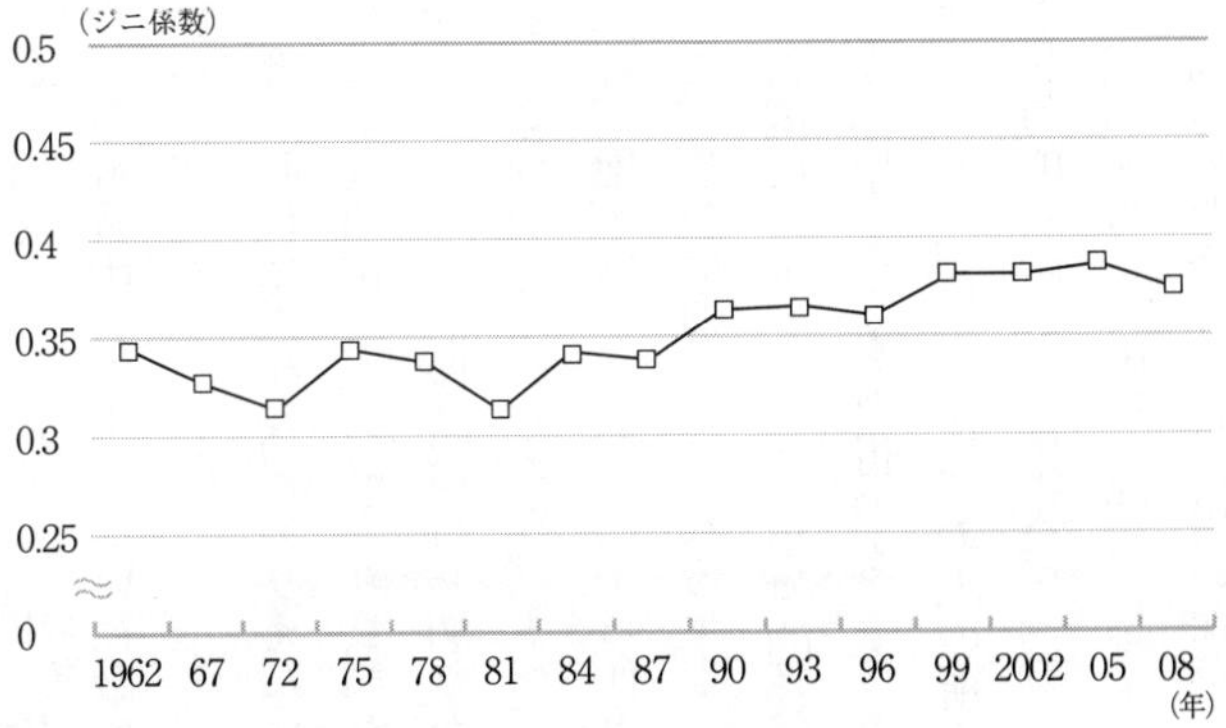

図1—1　所得格差の推移
厚生労働省「所得再分配調査」より作成

は〇・三二前後だったジニ係数が、〇・三八前後にまで上昇している。この数値は世界の先進諸国の平均値よりも高く、日本が格差社会に入っていることを証明する有力な証拠となった。

とはいえ、筆者がこの論争の渦中にあったので、客観的な判断は第三者に任せよう。ここでは格差問題に関連して、もうひとつ深刻な問題が発生していることに注意したい。

それは貧困問題である。貧困とは「日常の経済生活を送るのに困難を抱えている状態」を指すと定義しておこう。格差とは、所得の高い人と低い人の間の相対的な差に注目する概念であるが、貧困は所得の低い人に焦点を絞った概念である。とくに生活に困窮している人を指すから、深刻度からすると、格差よりも注目すべき問題と言えよう。最悪のケースでは、餓死や自殺に追い込まれることもある。人権の観点からも貧困者を生まない社会にせねばならない、というのは誰もが賛成するのではないか。

今の時代に餓死などありえない、と思う人もいるかもしれない。しかし、二〇〇七年には北九州市で「おにぎり食べたい」という言葉を日記に書き残して五十歳代の男性が死亡した。生活保護の打ち切りがその一因とされ、大きく報道されたので、記憶している人も少なくないだろう。また、日本では自殺者が年間三万人を超えている。そのなかには、働き盛りでありながら仕事がないとか、事業に失敗したといった経済的困窮によって、自殺に追い込まれるケースが多い。

貧困には主として「相対的貧困」と「絶対的貧困」の二つの考え方がある。まず、「その国の人々を所得のもっとも高い人からもっとも低い人に並べたとき、真ん中(メディアン=中位の順序)の人の所得(中位所得)の半分以下の所得しかない人」で、これを相対的貧困者と称する。一方、それ以下の「食べていけない」「生活できない」、ある一定の所得(貧困線と呼ぶ)を下回る所得しかない人を絶対的貧困者と称する。

両方の概念を同時に用いながら貧困を論じる必要があるが、国際比較をする場合には、共通の定義で計測されている「相対的貧困」のほうが信頼性が高く、通常こちらを用いる。日本の貧困率をほかの先進国と比較してみると、OECD諸国（約三〇ヵ国）の平均が一〇％前後のなか、この一〇年ほど一五％前後で推移しており、際だって高い。先進国のなかでもっとも貧困率の高いアメリカ（一七％前後）に近いことからも、その深刻さがわかる。もうひとつの特色は、日本の貧困率がここ二〇年間にわたって、ほぼコンスタントに上昇している点である。一九八五年に一二・〇％だった貧困率は、二〇〇九年では一六・〇％に達している。

以上から、日本は「貧困大国」とも呼ぶべき深刻な状態にあることが理解できるだろう。夫婦間の「格差」をテーマに掲げた本書であるが、所得格差の縮小のみならず、貧困者数の削減が肝要だという現状を念頭に、読み進めてほしい（貧困問題についてさらに関心のある方は橘木・浦川〔2006〕を参照していただきたい）。

稼ぎ手の数が鍵を握る

さて、所得格差や貧困を語るときは、主として家計に関心を寄せるが、ここで重要な「変数」があることを強調したい。それは世帯あるいは家族を構成する人数である。

まず、単身世帯とは文字どおり一人で暮らしている世帯のことである。しかし、単身世帯であっても「同居していない家族」がほかにいる人は多い。親元を離れて暮らしている学生、親と別居している未婚の子ども、単身赴任している会社員などである。ここではとくに、自分で働いて所得を稼ぐか、年金を受給して生活源を得ている人を「単身者」とみなす。

一方、二人以上の世帯とは、夫と妻を最小単位とした家庭を指す。もちろん、親一人子一人という世帯なども存在するが、日本では夫婦と子ども数人、夫婦と老親、あるいは子どものいない夫婦など、夫婦を基本にした世帯が圧倒的多数なので、夫と妻が最小単位とみなせる。ここで重要なポイントは、世帯のなかで何人が所得を得ているかである。夫婦二人の家庭で、夫が働き、妻は働いていない場合、世帯内の稼ぎ手は一人である。夫婦が共働きのうえ、老父母がともに働いていたり、年金を受給している三世代家庭ならば、稼ぎ手は四人となる。同居の子どもが働いている場合も、稼ぎ手は増加する。

夫婦間の格差に注目する本書では、主たる関心を「稼ぎ手が一人の世帯」と「稼ぎ手が二人の世帯」の差に置くことになる。すなわち「夫だけが働いて、妻は専業主婦の世帯」と、「夫と妻の双方が働く共働き世帯」とを比較する。両者の家計所得の差はどの程度あるか、そして稼ぎ手の数の違いは格差にどのように影響するかを分析する。なぜ両者の差に注目するか。先回りして言うならば、日本社会の格差や貧困の問題において、妻が働くかどうかが大きな影響力を及ぼしつつあるからなのだ。

問題は世帯所得か、個人所得か

これまで、日本の格差について分析する際は、個人所得ではなく、主として世帯（家計）所得の数字を用いてきた。これをもって、「無業の妻（専業主婦）の存在を無視してきた」と考える人もいるかもしれない。だが、その解釈は正しくない。逆に、「働く妻の家計への貢献分を無視してきた」と言ったほうがよい。世帯所得の数字が用いられてきた理由は以下のようなものだ。

第一に、人々の経済生活はそれぞれの世帯をベースに営まれるから、世帯の総所得をもとに議論すれば十分であると考えられてきた。妻が働こうが働くまいが、その世帯が豊かであるかそうでないかは家計における総消費額、ひいては総所得に大きく左右される。「誰が稼ぐか」には大きな関心は寄せられなかった。

第二に、国の社会保険制度が個人単位ではなく世帯単位で基準を設定され、保険料や税が計算されていることが挙げられる。保険料は働く人から徴収されてきたが、保険給付の額は世帯別に決定されているし、税制に関しても配偶者控除などがあって、世帯別に所得税額が算定されてきた（妻の所得が高い場合には、例外的に個人単位で税額を決定するケースもある）。

第三に、たとえ妻が働く家庭であっても、妻の所得額は夫と比較するとかなり低いのが一般的だった。その結果、共働き夫婦の合計所得と夫一人の所得にそれほど大きな差はなかった。そのため、妻の所得に格別の注意を払う必要がなかった。

第四に、ひと昔前は専業主婦、つまり妻の所得がゼロという家計が多数派だった。第三で挙げた「妻の所得がかなり低い」ケースの極地が専業主婦家庭だと考えればよい。

しかし、日本社会は大きな変化の過程にある。妻の所得が上昇し、家計における妻の貢献が大きな効果をもつ時代となりつつある。妻が働いている世帯数も増加しており、一人稼ぎ世帯と二人稼ぎ世帯を同次元で評価すると、経済状況を正確に把握できなくなっている。

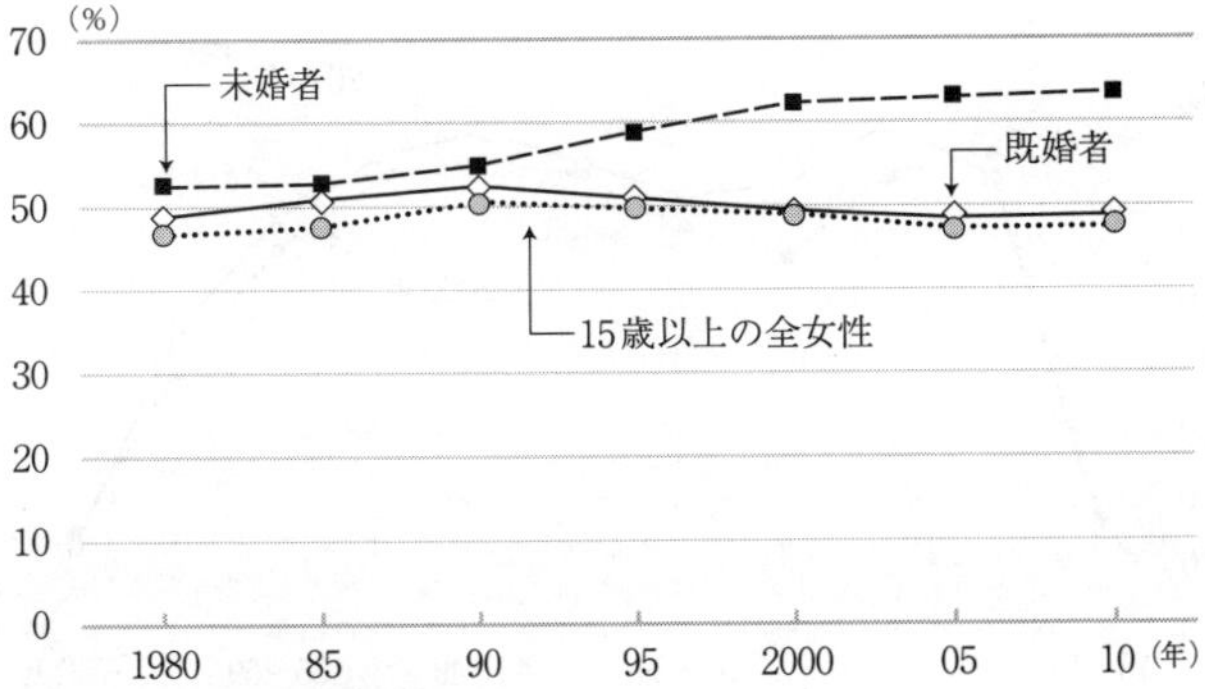

図1―2　女性の労働力率
総務省統計局「労働力調査」より作成

2　妻が働くか、働かないか

女性の労働力率の推移

かつて、夫婦の総所得額は夫の所得によってほぼ決まり、妻の貢献分はかなり小さかった。このことは、妻が働いていなかったか、たとえ働いていても所得が低かったことを意味している。それでは、どういう妻が働き、どういう妻が働かなかったのだろうか。

そのことを具体的に論じる前に、日本の女性がどの程度働いてきたか、確認しておこう。

図1―2は、十五歳以上の女性全体の労働力率と、婚姻形態別の率を示している。グラフからは省いているが、全女性の労働力率は一九六〇年に

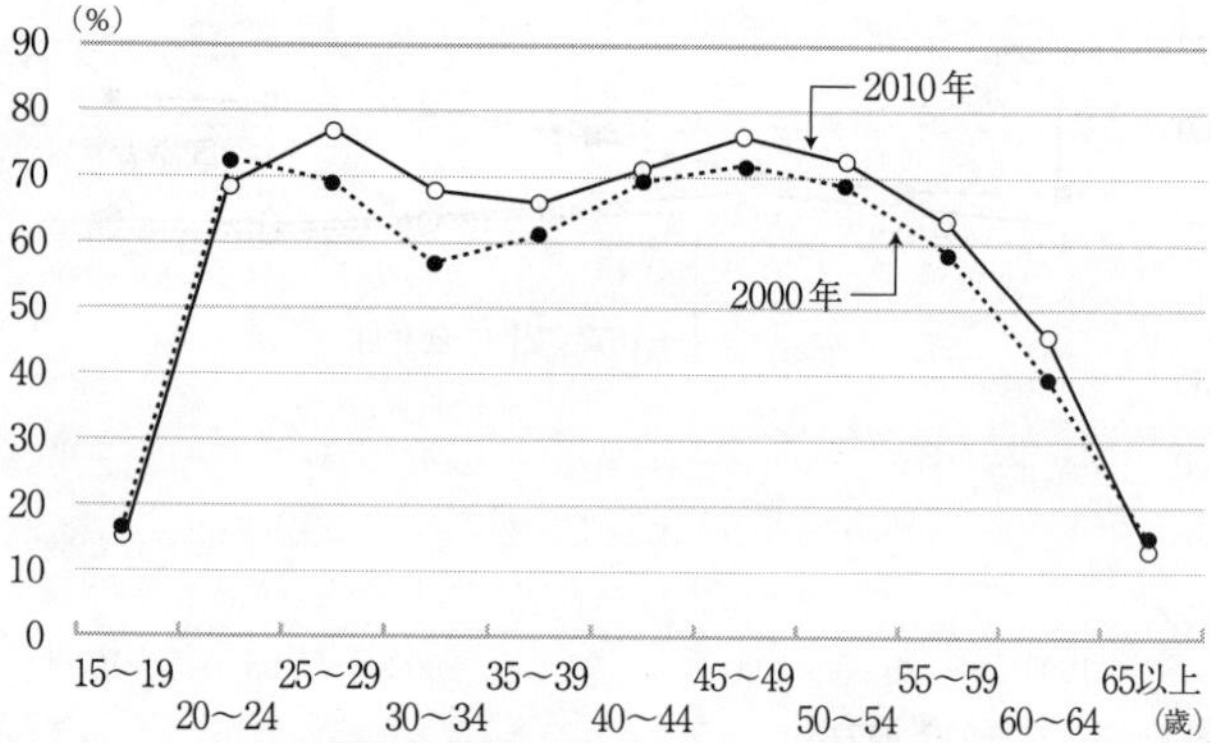

図1—3　女性の年齢階級別労働力率
総務省統計局「労働力調査」(2000，2010) より作成

は約五五％であった。それが現代では約四九％にまでやや下降している。いずれにせよ、日本女性のほぼ半数が働いていると言えよう。労働力率がやや低下している要因は、女性の高校・大学進学率が上昇したことにある。

つづいて、未婚者と既婚者の労働力率を見ると、働くか働かないかの決定に婚姻がどう影響するかがわかる。まず、一貫して未婚者のほうが既婚者よりも労働力率が高くなっている。未婚であれば生きていくために自ら働いて所得を稼がねばならない。だが既婚者は夫が稼いでいれば必ずしも働かなくてよいことが多いからだろう。そして、既婚者の労働力率は一九八〇年から現在まで五〇％前後で変化がない。一方、未婚者は五二・六％から六三・四％に上昇している。

次は、年齢別に見た労働力率である。図1—3を見ると、有名な「M字型カーブ」が成立していることがわかる。すなわち、女性は若い独身時代には働くが、結婚・出産時期になると一時仕事から離れる。その後、四十歳前後になると子育てを終えて再び働き始め、高齢になると徐々に引退する——これにより描かれるカーブが「M」の字に似ているので「M字型カーブ」と称される。しかし二〇〇〇年と二〇一〇年を比較すれば、M字型の「へこみ」の程度が小さくなっているので、結婚・出産・子育て期の女性が労働をやめる割合が減っていることがわかる。未婚女性の増加も一つの要因である。

ヨーロッパを中心に、ほかの先進国では、M字型のへこみがなく、「高原」状になっている国が多い。すなわち、結婚・出産・子育て期にあっても労働を続けるため、すべての年齢層において女性の労働力率が高くなっている。日本も近い将来、高原状になるものと予想できる。なぜなら、ここ一〇年ほどでへこみが小さくなりつつあるし、「男は仕事、女は家事・育児」という性別役割分担意識も、今後いっそう弱まると予想できるからである（ただ二〇一二年の「男女共同参画社会に関する世論調査」では「夫は外で働き、妻は家庭を守るべきだ」との意見が一九九二年の調査開始から初めて増加し、過半数を超

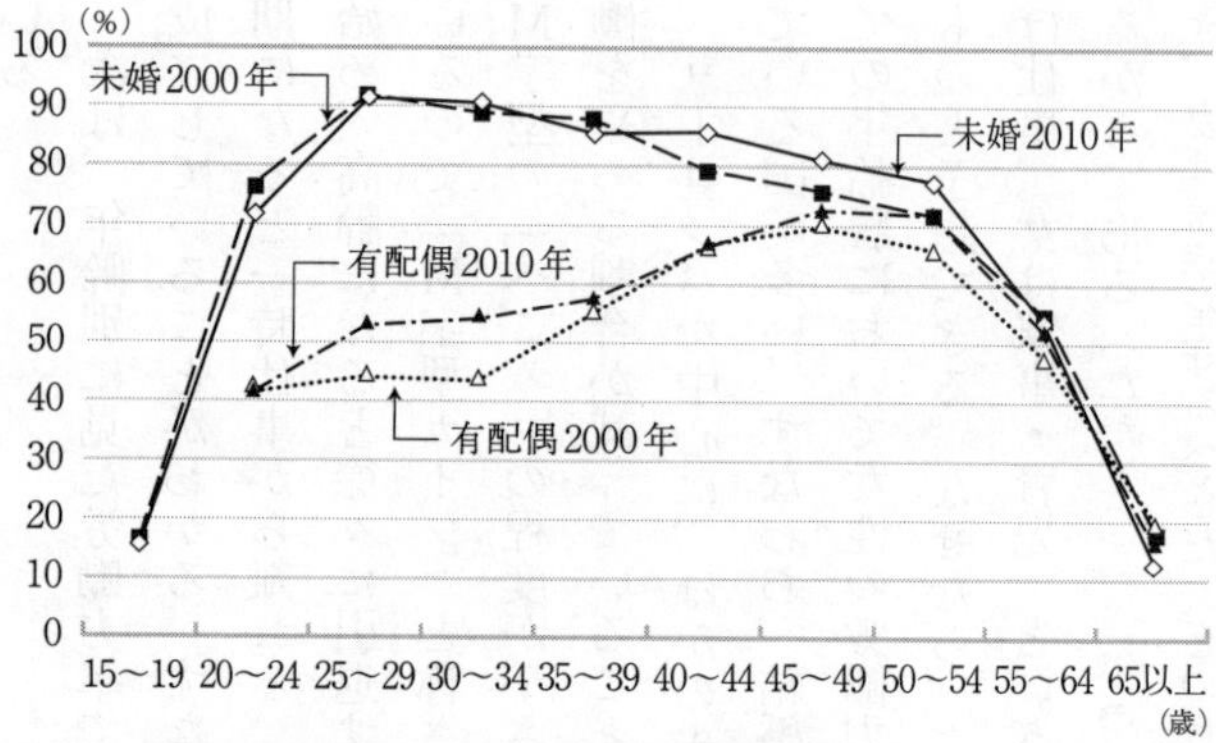

図1—4　女性の配偶関係と年齢階級別労働力率
総務省統計局「労働力調査」(2000，2010) より作成

えたことには注目すべきだろう)。

本書の中心テーマに即して、既婚者と未婚者で区別した、年齢階級別の女性の労働力率を詳しく検討しておこう(図1—4)。配偶者がいるかどうかによって、グラフの形状は大きく異なる。未婚者の場合には結婚・出産がないので(日本では未婚での出産はごく少ない)働き続けることに女性特有の障害がないし、何よりも自分で稼がないと食べていけないという事情が大きい。そのことが、未婚女性の高原状の労働力率に表れている。

それに比べて、既婚女性は、二十歳から三十歳までの若い年齢層の労働力率が四〇%台から五〇%台前半にすぎない。このことが図1—3におけるM字型カーブのへこみを説明する。子育ても終了期に入る三十五歳あたりから、再び労働を始める女性が増加し、四十五歳以降に関しては未婚女性と大きな差がなくなる。

だが、この図でもっとも注目すべきなのは、二十五歳から三十四歳の既婚者の労働力率が、一〇年間で一〇ポイント近くも増加した点である。これは、結婚・出産・子育てによって仕事をやめる女性が少なくなったことを意味している。図1―3に関して述べたように、いずれ日本の女性全体の労働力率も、ヨーロッパ諸国同様、高原状を示すようになるだろう。

さらば「ダグラス・有沢の第二法則」

さて、以上を踏まえたうえで、「夫の所得が高いと妻は働かないか」という問題について考えよう。

結論を先に述べておけば、これまでに示した数字からも予想がつくように、ひと昔前は夫の所得が高ければ妻の働く率は低かった。しかし時代が進むにつれて、たとえ夫の所得が高くとも、妻の働く率は高くなりつつある。このことを端的に示す図を、総務省の「就業構造基本調査」から抽出しよう。この統計は、日本人の就業の実態をかなり詳

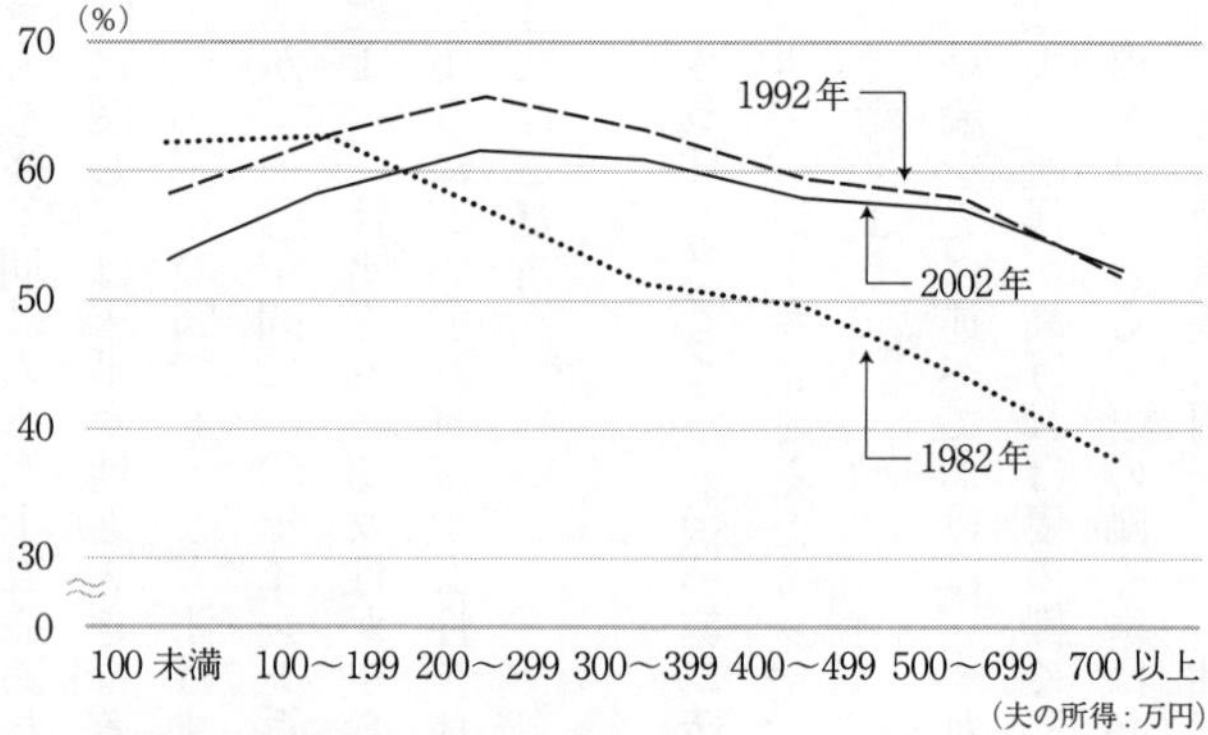

図1—5　夫の所得階級別の妻の有業率
総務省統計局「就業構造基本調査」より作成

しく調査し、標本数も多いので信頼性の高い資料である（ただし残念ながら五年に一度なので、毎年の連続した情報が得られない）。

図1—5は、一九八二年、九二年、二〇〇二年という三つの時期における、夫の年間所得階級別の妻の有業率を示している。まず、一九八二年に注目してほしい。夫が一〇〇万円から二〇〇万円程度の低所得だと、妻が働いている率は六〇%を超えている。しかし夫の所得が二〇〇万円を超えると、夫の所得が上がるに従い、妻が働く比率は下降し、七〇〇万円以上になると四〇%以下まで低下する。「右肩下がり」のグラフになっており、最高所得階級と最低所得階級の間で、約二五ポイントの差が生じている。

本書冒頭でも述べたように、経済学では、この事実を「ダグラス・有沢の第二法則」と呼ぶ。すなわち、「妻が働くかどうかに注目したとき、夫の所得が高ければ妻は働く確率が低く、逆に夫の所得が低ければ妻の働く確率は高くなる」という命題である（この法則においては、夫が働くことを前提にしており、妻が働いている場合、夫が働くかどうかという点にはまだ関心が及ばなかった）。この法則は長期にわたり各国で信じられてきた。ちなみに第一法則とは、女性の賃金が上がれば女性の労働参加は増加するというもので、これは現在でもほとんどの国で観測されている。「ダグラス・有沢の第二法則」によれば、夫の所得が高ければ妻は働かない、つまり、いっそう家計所得を高くする意思は夫婦に生じない。逆に夫の所得が低ければ、妻の所得で家計の不足を補おうという意図が夫婦に生まれる、ということが理解できる。

ところが、一〇年後の一九九二年のグラフを見ると、大きく様相が変化していることがわかるだろう。一九八二年では、夫の年間所得が一〇〇～一九九万円の層で妻の有業率がもっとも高くなっていたが、一九九二年のグラフでは二〇〇～二九九万円の層で最高を記録している。それ以降、夫の所得が高くなるにつれて妻の有業率が低下する点は同様であるが、その下がり方は一〇年前と異なり、非常にゆるやかなものになっている。夫の年間所得が七〇〇万円以上の層でも、半数を超える女性が働いており、一五ポイン

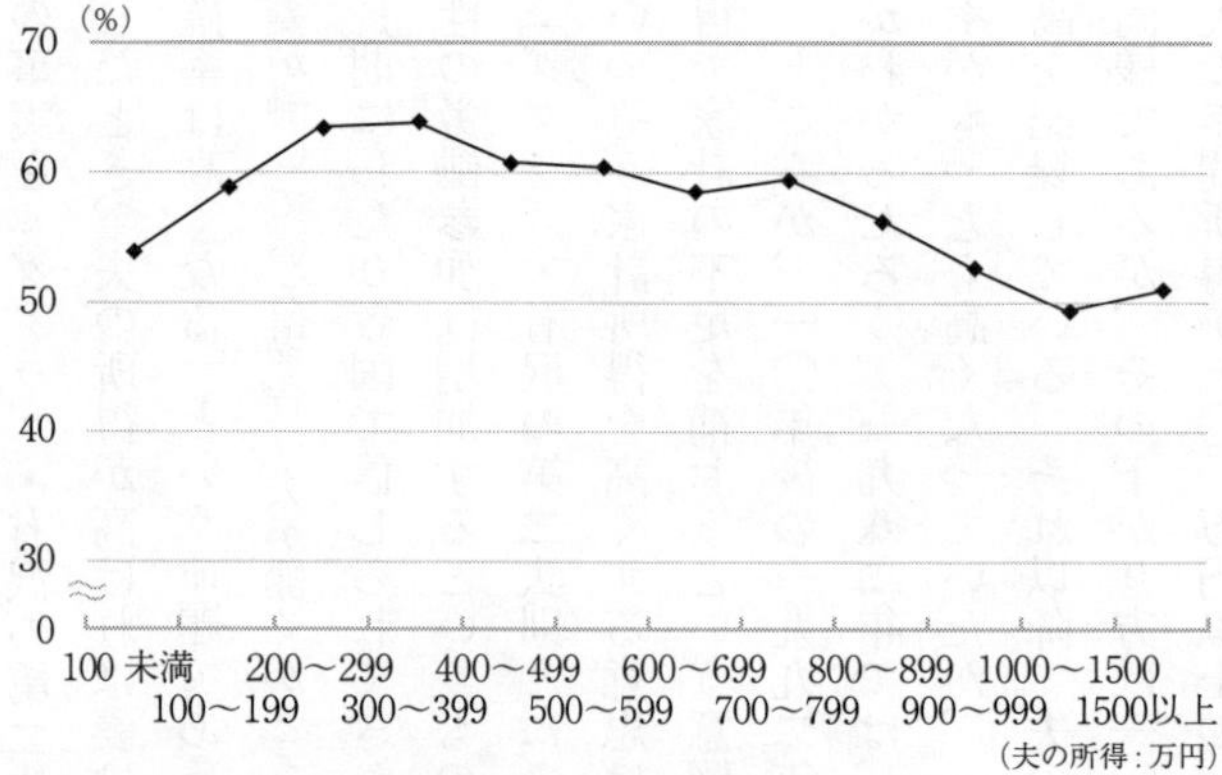

図 1—6　夫の所得階級別の妻の有業率（2007 年）
総務省統計局「平成 19 年就業構造基本調査」より作成

ト程度、有業率が上昇している。

この傾向は、さらに一〇年後の二〇〇二年にはいっそう顕著となり、妻の有業率はかつてのような右肩下がりから、ゆるやかな山型を示すようになった。夫の所得額と妻の有業率との間に、以前のような強い逆相関関係は見られなくなったのである。このグラフを見るかぎり、二〇世紀末から二一世紀初頭にかけて、「ダグラス・有沢の第二法則」はかなりの程度、効力を失ったと言えよう。

もう一つ注目すべきなのは、夫の年間所得が一〇〇万円未満という超低所得階級における妻の有業率である。一九八二年に比べて、調査年ごとに低下しており、二〇年で一〇ポイント近く低下している。このことは、夫の所得が低いにもかかわらず、妻が働かない夫婦の比率が上がっていることを示している。ここからも、「ダグラス・有沢の第二法則」が効力を失っていることがわかるだろう。

つづいて、図1—6にて、二〇〇七年のグラフを見てみよう。図1—5と別の図にしたのは、この回から「就業構造基本調査」の内容が変更されたからである。最高所得階級が七〇〇万円以上から一五〇〇万円以上に変わるなど、「高所得」の基準に関する認識の変化に合わせて、高所得層が細かく分類されるようになった。

このように、調査の集計方法に変更があるため、単純な比較はできないが、一九九二年や二〇〇二年で見られた傾向が、ますます顕著になっている。もはや、夫の所得の高さと妻の有業率との相関はほとんどない。つまり、夫の所得の高低が、妻が働くか働かないかの決定にほとんど影響を与えない時代になっていると結論づけられる。

裏を返せば、夫婦の総所得について、夫の所得額のみならず、妻の所得額が左右する程度が大きくなっているということである。かつての、「夫の所得が高ければ妻は働かず、夫の所得が低ければ妻は働く」ことで、家計所得が平準化されていた時代は過去のものになっているのだ。ひと昔前の「一億総中流社会」と称された家計所得分配の平等性が維持されたのは、「ダグラス・有沢の第二法則」が成立していたことが一つの理由なのである。

追加の視点

以上、「ダグラス・有沢の第二法則」が崩れていることを説明してきたが、もう少し詳しい研究によると、留保条件や追加の視点が得られることを述べておきたい。ひとつは世帯構造の違い、もうひとつは女性の学歴による効果を考慮した場合である。

世帯構造による差に関しては、山田(2010)が興味深い。総務省「全国消費実態調査」により、一九八四年から二〇〇四年までの統計を見ると、「ダグラス・有沢の第二法則」は前述したほどに効果を失ってはいないという。われわれが依拠した総務省「就業構造基本調査」と好対照の結果である。

ただし、山田昌弘の解析は、標本を「未就学児のいる世帯」に限定している。この標本に限定すれば、おそらく山田の主張は正しいのだろう。山田が主張するように、未就学児童のいる家庭であれば、「子育て負担が大きく両親の共働きが困難な時期であり、保育状況が世帯によってまちまちのため、母親の就労状況が、父の収入の影響を受けやすい」からである。標本を「未就学児のいる世帯」に限定しない資料を用いれば、「就業構造基本調査」で明らかになったように、「ダグラス・有沢の第二法則」は消滅しつつあるのではないだろうか。

むしろ山田（2010）における重要な発見は、「夫婦と子どもの二世代世帯」と「夫婦と子どもと老親が同居する三世代世帯」の二つに区分した結果、三世代世帯の妻のほうが二世代世帯より就労率が高い、という点にある。二〇〇四年において、二世代世帯の妻の就業率が三二・一%なのに対して、三世代世帯の妻は五二・八%と過半数を超えている。老親が一緒に住んでいれば、子育てへの支援が期待できるので、妻の就労確率は高まる。このことからも、女性が働くためには子育て支援の充実が必要だということがわかる。

一方、女性の学歴を考慮した場合については、真鍋（2004）が価値ある仕事と言える。真鍋倫子は全女性で見た場合、「ダグラス・有沢の第二法則」の効果が弱まっている点には同意している。しかし、法則が崩れているのは、妻が高卒以下の低学歴層の夫婦の場合で、妻が短大や大学を卒業している高学歴層の場合は、崩れていないと主張した。

たしかに、近年も女子学生の間に専業主婦志向が高まっていると言われる。筆者の周囲の大学教員からもよく耳にする話である。しかし、これは長引く不況の影響による一

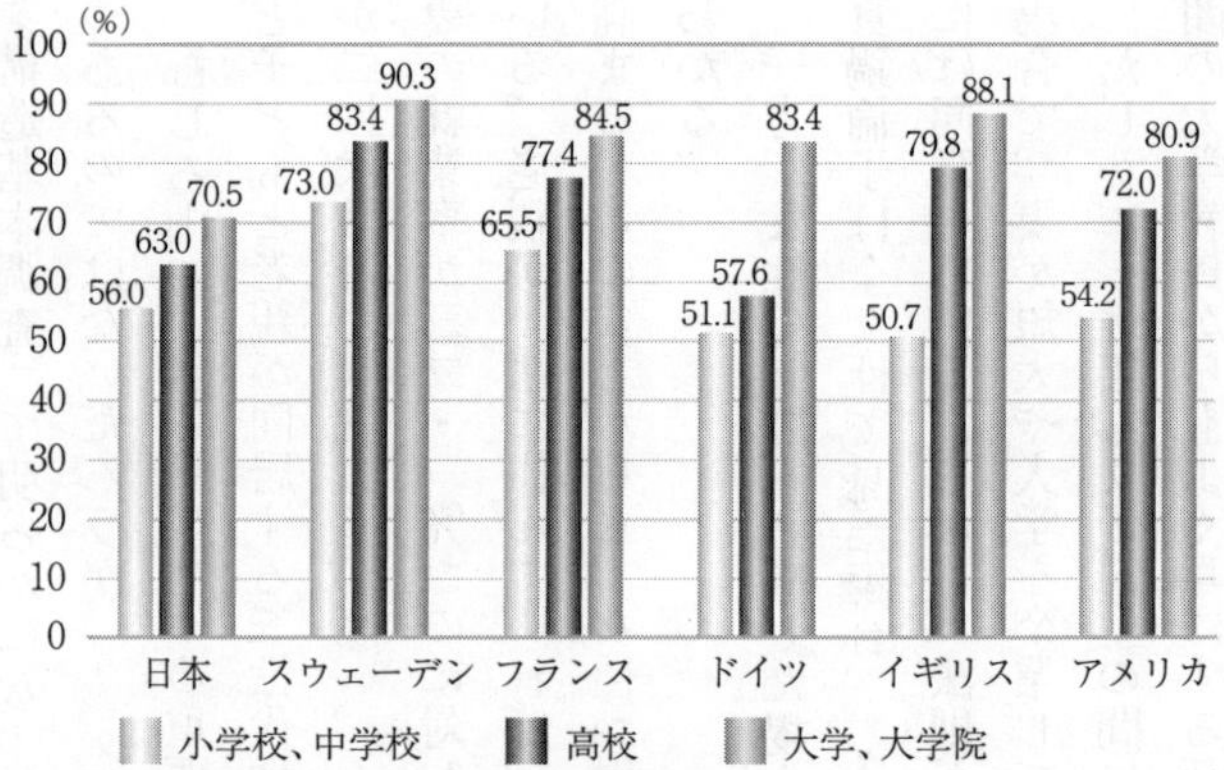

図1—7　女性の学歴別労働力率の国際比較
注）対象は25〜64歳.
厚生労働省「働く女性の実情　平成16年版」p.35より作成

時的な事態ではないだろうか。

ここで図1—7を見てみよう。これは学歴別に見た女性の労働力率の国際比較である。一見して明らかなように、日本の大卒・大学院卒女性の労働力率の低さは世界的に見て際だっている。裏を返せば、それだけ上昇の余地があるということでもある。本書全体で論じるように、妻が働くことが夫婦の所得に大きく影響するようになっている以上、今後は高学歴女性の労働力率も上がる、すなわち「ダグラス・有沢の第二法則」は高学歴層でも崩れていくと見るのが自然ではないだろうか（真鍋［2004］も高学歴層の女性の雇用環境が恵まれている点などから、今後の変化を注視すべき旨、述べている）。

安部（2006）も示唆に富んでいる。安部由起子によると、専業主婦は、大卒同士の夫婦よりも、夫が大卒で妻が短大卒や高卒の夫婦に目立つという。真鍋（2004）とはやや異なることが主張されている。そのほか、「妻が専業主婦でも、妻が高学歴のほうが夫の所得が高い」とか、「夫が大卒である場合に限定すれば、妻が大卒で働いているときには、夫婦ともに高い所得を稼いでいるケースがある」など、興味深い分析を提示している。

妻の所得の影響

「ダグラス・有沢の第二法則」は妻が働くかどうかに関心を寄せたが、働く妻がどれだけの所得を得ていたかについてはそれほど注目していなかった。そこで妻の所得を考慮しながら、夫と妻の家計総所得への貢献度を検証しておこう。

この問題に関してはすでに、橘木・八木（1994）による研究がある。これにより、まずはひと昔前までの様子を知っておこう。

表1―1は一九六六年から九一年まで五年おきに、家計の総所得（総収入）を四つの源泉（世帯主収入＝夫の収入、妻の収入、他の世帯員の収入、財産収入＝資産を保有するこ

表1—1　各源泉の不平等への貢献度
（勤労者世帯における収入源泉別ジニ係数分析）

	1966年	1971年	1976年	1981年	1986年	1991年
世帯主収入	0.772	0.755	0.768	0.739	0.764	0.734
妻の収入	0.081	0.111	0.139	0.154	0.151	0.185
他の世帯員収入	0.130	0.123	0.084	0.097	0.080	0.076
財産収入	0.017	0.011	0.009	0.010	0.005	0.005

橘木・八木（1994）より作成
資料：総務庁統計局「家計調査」，年間所得五分位別年平均1ヵ月間の収入と支出のデータ

とによって発生する利子や地代などの収入）に分解して、それぞれの貢献度を示したものである。

貢献度とは、それぞれの源泉が全体の不平等の大きさにどれほど影響しているかを示したものである。たとえば、一九六六年の妻の収入の貢献度は〇・〇八一と非常に小さいのに対して、世帯主（夫）収入の貢献度は〇・七七二と非常に大きい。つまり、家計総所得の不平等度の大きさを決めるのは主に夫の所得であり、妻の所得はほとんど関係がないことを意味している。世帯（夫婦）所得の格差は、夫の所得格差でほぼ決まっていた。

この表で注目すべきなのは、一九六六年から一九九一年にかけて、妻の収入の貢献度がほぼ一貫して上昇している点である。要するに、妻が働くか働かないか、そして働いた場合の所得の多寡が、家計所得に影響を与えるようになっているのだ。

一九八〇年代から九〇年代にかけて、世帯（夫婦）所得の格差が拡大していたことに関して、いくつかの興味深い研究結果がある。たとえば小原（2001）や大竹（2005）では、高所得の夫をもつ妻の有職化が進んだことが、その理由のひとつと主張された。一方で安部・大石（2006）は、一九八七年から二〇〇二年にかけて、夫の所得が高い層で、妻の働く比率が高くなっていることは認めるが、夫婦の合計所得の上昇にはつながっていないと言う。この時期の研究では、夫と妻の合計所得に関して、さまざまな異なる分析結果が提出されていたのである。

妻の労働が格差を拡大する時代

この論点について、説得力のある研究が尾嶋（2011）である。これは、比較的長期間（一九八五年から二〇〇五年）にわたり、社会学者が中心となって、同一の基準で収集した統計資料を用い、夫婦所得の変遷を分析した研究である。尾嶋史章の分析手法は、夫だけの所得に注目した所得格差（ジニ係数で計測）と、夫と妻の所得を合計した夫婦合算所得の格差（同じくジニ係数で計測）を比較することによって、夫と妻の貢献度を算出しようとするものだ。もし妻の勤労による所得が夫の所得を補完しているのなら、夫

表1―2　夫の年齢層別にみた各所得のジニ係数

夫年齢	調査年	全夫婦			夫・常時雇用者のみ		
		夫所得	合算所得	妻所得	夫所得	合算所得	妻所得
30〜59歳	1985	0.290	0.277	0.689	0.242	0.226	0.684
	1995	0.282	0.278	0.667	0.231	0.234	0.690
	2005	0.285	0.279	0.640	0.234	0.239	0.660
30歳代	1985	0.246	0.244	0.735	0.199	0.192	0.730
	1995	0.215	0.234	0.729	0.184	0.217	0.737
	2005	0.227	0.249	0.692	0.205	0.232	0.699
40歳代	1985	0.273	0.258	0.663	0.237	0.214	0.645
	1995	0.261	0.256	0.642	0.219	0.215	0.657
	2005	0.250	0.246	0.626	0.201	0.208	0.651
50歳代	1985	0.332	0.310	0.667	0.278	0.252	0.667
	1995	0.324	0.312	0.652	0.252	0.242	0.686
	2005	0.327	0.306	0.617	0.258	0.251	0.633

尾嶋（2011）より作成

婦合算所得の格差のほうが夫の所得格差よりも小さく出るはずだ。もし反対に、夫婦合算所得の格差のほうが夫だけの所得格差よりも大きければ、妻の勤労による所得は夫婦合算所得の格差拡大・不平等化に寄与していることになる。

表1―2は、その結果を示したものである。全夫婦のものと、夫を常時雇用者に限定したもの、二つの結果を示している。夫が三十歳から五十九歳までの全夫婦を見ると、夫婦合算所得のジニ係数のほうが、夫だけの所得よりも、少しではあるが、数値が小さい。つまり、妻の所得が夫の低所得を補う役目をしており、妻の勤労が日本の家計所得の平等化に貢献

してきたと言えよう。

しかし調査年別の違いに注目すると、全夫婦における合算所得と夫だけの所得のジニ係数の差が、一九八五年では〇・〇一三であったのに対して、一九九五年と二〇〇五年ではそれぞれ〇・〇〇四と〇・〇〇六とかなり小さくなっている。このことは、時代が進むにつれ、妻の所得の平等化への寄与率が低下したことを意味する。

そして、夫を常時雇用者のみに限定すると、話はさらに明確になる。一九九五年と二〇〇五年においては、夫婦合算所得のジニ係数は、夫だけの所得のジニ係数よりも、わずかではあるが、大きな値を示している。つまり、妻の勤労による所得が、夫婦合算所得の平等化に寄与していた時代は終了し、むしろ格差拡大・不平等化に寄与する時代になっているということだ。

どちらの数字を重視すべきだろうか。全夫婦を対象にする場合には、雇用者に加えて、農業や小売業といった自営業者が含まれる。農業や自営業の場合、妻も夫と一緒に働いている割合が高く、妻の所得を夫のそれと切り分けて特定することは困難となり、夫のみの所得と夫婦合算所得の比較に曖昧さが残る。したがって、夫を常時雇用者に限定したほうが、比較の信頼性は高くなる。

結論としては、夫と妻が双方ともに雇用者であれば、二〇世紀の後半から二一世紀の初頭にかけて、妻の所得が夫の所得を補完して家計所得を平等化する時代は終わり、むしろ格差拡大・不平等化に寄与する時代になっているということだ。

その有力な証拠として、表1―2に示されているように、妻の所得のみを計測すると、すべての項目でジニ係数が〇・六を超えており、非常に高い不平等度を示していることが挙げられる。既婚女性の所得格差がこのように大きければ、夫婦合算所得の格差を拡大することは明らかである。実際に既婚女性は男性に比べ、アルバイトなど非正規就業者が非常に多い一方、専門職・管理職に就く女性もいることから、所得の低い女性と高い女性の格差は男性以上に顕著である(このことは後に検討する)。

表1―2には年齢層別の結果も示している。年齢が高くなると、おおむねジニ係数も高くなっており、年齢と比例して所得分配の不平等度が高まる日本の特色を示しているが、妻の所得だけはこの原則に合致していない。妻は三十歳代の不平等度が高いことに注意しておこう。こうして、年齢層別で見ても、妻の所得が夫の所得を補完して家計所得を平等化する時代は終わり、むしろ格差拡大・不平等化に寄与する時代になっている、という点に変わりがないことを確認しておこう。

現在は、妻が働くことが夫婦の合算所得の格差拡大・不平等化に寄与する時代になっている――。尾嶋（2011）が明らかにしたこの事実は、Tachibanaki and Urakawa（2007）、浦川（2007）でも確認されている。この二つの分析は、厚生労働省の「所得再分配調査」と、「格差の世代間移転と意欲促進型社会システムの研究」（代表者・橘木俊詔）が収集した四〇〇〇あまりの個票データから得られた二つの研究成果とによっている。尾嶋史章の研究成果を尊重するため、後者の資料では標本を現役の労働者（二十〜四十九歳）に限定するとともに、夫ないし妻が自営業や家族従業者である標本を除外した一三五一の標本を用いている。これら三つの異なるデータを用いた実証結果が同じことを主張していることから、この命題は、ほぼ確定的だと言えよう。

高所得夫婦、低所得夫婦

夫婦所得の格差が拡大しているなら、格差の両極にある高所得夫婦と低所得夫婦はそれぞれどのような人たちなのだろうか。浦川（2007）で得られたデータをもとに検討していこう。

表1―3は、夫婦をその所得により六つのグループに分け、それぞれについて、夫婦

表1—3　夫婦所得と夫・妻個別の年間所得

（万円）

	夫低所得 ｜ 妻無業	夫低所得 ｜ 妻低所得	夫低所得 ｜ 妻高所得	夫高所得 ｜ 妻無業	夫高所得 ｜ 妻低所得	夫高所得 ｜ 妻高所得	合計の平均
夫婦の合計所得	415.4	466.8	704.6	802.4	844.6	1285.5	710.9
夫の所得	408.1	394.5	359.1	794.9	771.1	814.7	598.6
妻の所得	7.3	72.3	345.5	7.5	73.5	470.8	112.3
妻寄与率	1.8%	15.5%	49.0%	0.9%	8.7%	36.6%	15.5%
N（割合）	242人（17.9%）	215人（15.9%）	140人（10.3%）	380人（28.1%）	224人（16.6%）	150人（11.1%）	1351人（100%）

注）所得は株式，不動産所得などの資産所得を含む．Nは標本数（以下同）．

夫は「夫平均年収（598.6万円）」を境に低所得と高所得に分類．妻は「有業の妻平均所得（＝187.2万円）を境に低所得と高所得に分類．

浦川（2007）より作成

の合計所得、夫の所得、妻の所得、妻の寄与率（妻の所得が夫婦の合計所得に占める比率）を示している。グループ分けの基準は、妻は（1）無業、（2）低所得、（3）高所得、夫は（1）低所得、（2）高所得、の二つである。

この表でもっとも衝撃的なことは、夫婦の合計所得のもっとも低いグループ（夫が低所得で、妻が無業の夫婦）と、もっとも高いグループ（ともに高所得の夫婦）とで、実に年間八〇〇万円以上の大きな所得格差が生まれていることである。なお、全夫婦のうち合計所得のもっとも低いグループは一七・九％、もっとも高いグループは一一・一％を占めている。合計で約三〇％の夫婦が両極端に当てはまっており、この大きな格差は小さな問題とは言えない。

しかし、もっとも多い夫婦の組み合わせは、いまだ「夫高所得・妻無業」の組み合わせだという事実にも注目する必要がある。このことは、「ダグラス・有沢の第二法則」がまだ完全には消滅していないことを示している。とはいえ、図1―4（一四ページ）と図1―5（一六ページ）で見たように、長期にわたり、「夫高所得・妻無業」の組み合わせの比率は低下しつつあるので、この法則が日本において重要性を失いつつあることは確実であろう。

反対に、「夫低所得・妻高所得」の組み合わせは、夫の低所得を妻の高所得で大きく補完している点で興味深い。しかし、六つのグループのなかでもっとも比率が低く、まだ日本では少数派だと確認できる。くわえて、「夫低所得・妻高所得」とは言うものの、このグループにおける夫の平均年間所得は三五九・一万円であり、「高所得」とされる妻の平均年間所得、三四五・五万円を上回っている。夫と妻で所得の高低を区分する基準所得が異なるためで、実際には、「所得の低い夫を妻が同程度の所得で補っている」と考えたほうがよいかもしれない。

この表でもうひとつ強調すべきことは、全標本における夫の平均年間所得が五九八・六万円であるのに対して、働く妻の平均年間所得は一一二・三万円であり、男女の所得格差が五倍以上に及ぶ点である。男女の賃金や昇進の格差が大きいこと、教育水準に差があること、男性に正規労働者が多く女性に非正規労働者が多いことなど、さまざまな要因からこれは発生している。本書の主要関心事ではないのでこれ以上は言及しないが、今も男女の所得格差が大きいということは、見落としてはならないポイントである。

補記　なお、**表1―3**を見ると、夫の平均年間所得が六〇〇万円近くと高額であり、標本にバイアスがあると思う人もいるかもしれない。だが、その心配は無用である。ここでの標本は働いている人に限定されており、所得のない人、あるいは雇用保険給付のみを受け取っている失業者は除外されている。そのため、年間所得二〇〇万円に満たない貧困者がおおむね外され、平均所得が高めに出ているのである。また、「ダグラス・有沢の第二法則」を検証したときに用いた総務省の「就業構造基本調査」における夫妻の年所得額とほとんど差のないことも確認している。くわえて、このデータが示しているのは「夫婦」となっている人たちだけであることにも留意してほしい。貧困者や低所得者は、後で触れるように高齢単身者や母子家庭に多い。そうした貧困者を標本を考慮に入れるには、ほかの統計が必要である。この表だけで、日本の家計所得全体が理解できたと思わないほうがよい。

表1―4　所得タイプ別　夫婦の属性の分布

(%)

		夫低所得―妻無業	夫低所得―妻低所得	夫低所得―妻高所得	夫高所得―妻無業	夫高所得―妻低所得	夫高所得―妻高所得	合計の平均
本人年齢	20代	15.7	7.9	10.0	5.3	1.8	1.3	7.0
	30代	64.1	46.5	45.0	39.7	24.6	30.0	42.1
	40代	20.3	54.6	45.0	55.0	73.7	68.7	50.9
子ども	子ども人数	1.4	1.6	1.2	1.6	1.8	1.6	1.6
末子年齢	子どもなし	16.9	17.2	30.0	12.9	12.5	20.7	16.9
	末子6歳未満	57.9	29.8	27.9	34.5	12.5	23.3	32.4
	末子6-12歳	16.1	30.2	21.4	25.8	31.7	19.3	24.6
	末子12歳以上	9.1	22.8	20.7	26.8	43.3	36.7	26.2
夫の学歴	中卒・高卒	50.4	60.5	52.9	35.3	58.9	38.7	48.1
	高専・専門卒	18.6	13.5	14.3	9.5	7.1	7.3	11.6
	大卒・院卒	31.0	26.0	32.9	55.3	33.9	54.0	40.3
妻の学歴	中卒・高卒	57.4	63.3	55.0	48.7	59.8	42.0	54.3
	短大・専門卒	27.3	25.1	25.0	29.0	24.6	28.7	26.9
	大卒・院卒	15.3	11.6	20.0	22.3	15.6	29.3	18.8
夫の職種	正社員・正職員	91.7	87.4	81.4	97.6	96.9	99.3	93.3
	非正規の労働者	6.2	11.6	11.4	1.1	3.1	0.7	5.0
	無職	2.1	0.9	7.1	1.3	0.0	0.0	1.6
妻の職種	専門職・技術職	/	10.2	18.6	/	8.0	30.7	8.3
	管理職	/	0.5	2.1	/	1.3	4.7	1.0
	事務職	/	32.1	52.9	/	36.6	44.0	21.5
	販売・サービス職	/	36.3	10.0	/	31.3	4.7	12.5
	その他の職種	/	20.9	7.9	/	22.8	5.3	8.5
	無職	100.0	0.0	8.6	100.0	0.0	10.7	48.1
	N (割合)	242人 (17.9%)	215人 (15.9%)	140人 (10.3%)	380人 (28.1%)	224人 (16.6%)	150人 (11.1%)	1351人 (100%)

注）回答者が男性であれば，本人の学歴・職種が夫学歴・夫職種となり，回答者が女性であれば，配偶者の職種，学歴が夫学歴・夫職種となる．

浦川（2007）より作成

所得別、夫婦の特性

表1―4は先ほどの六つのグループに属する夫と妻の特性、そして子どもの情報を示したものである。この表からわかることを以下に記す。

第一に、妻が高所得のグループでは、子どものいない割合がかなり高い。夫低所得・妻高所得のグループでは三〇％、夫高所得・妻高所得のグループでは二〇・七％が子どものいない夫婦である。前者では四五・〇％、後者では六八・七％の回答者が四十代であり、ともに二十代は少数であることを考えると、子どもを持たずに一生を終える夫婦が多いと考えられる。また、末子の年齢に注目すると、六歳未満の子どもがいると、妻が無業になる割合が高いとわかる。子育てのため妻が仕事をやめ、子育てが一段落つくと再就労するケースが多いことを示している。以上から、子育てが妻の就労に大きな影響を与えていることが確認できる。

第二に、子どもの数に注目すると、グループ間の差が小さいことがわかる。全標本で平均一・六人、最多が「夫高所得・妻低所得」の一・八人、最少が「夫低所得・妻高所得」の一・二人である。妻が高所得の場合には、子どものいない比率が高かったことと考え合わせると、妻が高所得であっても出産した夫婦に関しては、子どもの数は実際には、それぞれの平均値よりかなり多いと言える。

第三に、夫婦の学歴に関して述べよう。まず高所得の夫に注目すると、妻が無業の場合、夫は大学・大学院卒が五五・三%、妻が高所得の場合も五四・〇%と、夫はいずれも高い学歴をもっている。高学歴の人が高い所得を稼いでいるのは、ほぼどの国でも成立している事実なので驚きはない。不思議なことは、夫が高所得で妻が低所得の夫婦にあっては、大学・大学院卒の夫の比率が三三・九%とやや低いことである。

つづいて妻の学歴に注目する。高所得の妻の大学卒・大学院卒の割合を見ると、夫が低所得のグループでも二〇・〇%、夫が高所得ならば二九・三%となっており、大学卒・大学院卒の妻の割合の平均一八・八%より高い。男性同様、高学歴保有者が高い所得を稼いでいることが確認できる。

ここで興味深いのは、「夫高所得・妻無業」の妻の学歴が高いことである。大学・大学院卒が二二・三%に達している。この事実から「ダグラス・有沢の第二法則」が高学歴の女性に関しては、まだ少し残っていると想像できる。このことは先に述べた真鍋の研究とも整合的である。

高学歴女性の間にある専業主婦志向は、日本女性の特色のひとつとなっている。先に示した図1―7（二二ページ）で女性の学歴別労働力率の国際比較をしておこう。ほかの先進国の高学歴（大学卒・大学院卒）女性と比較すると、とくに大学卒・大学院卒の女性の有業率が低いことがわかる。ほかの先進諸国と異なり、高学歴な女性が高学歴な男性と結婚した場合、働き続けるケースと専業主婦になるケースに二分されるということである。

付け加えると、この図からわかる先進国共通の傾向として、学歴が高くなるにつれ、働く女性の比率が高くなることがある。男性の場合、学歴による有業率の差はほとんどないが、女性の場合には教育水準と有業率に正の関係がある。男性は、食べるためには必ず働かねばならぬという意識が強いが、女性が働くか否かはいろいろなことに影響される。教育の差も、有業率に影響を与えるひとつの要因である。

第四に、夫の雇用形態について見よう。既婚男性の九三・三％は正規雇用の労働者である。ただし、所得の高い夫は九五％以上が正規雇用であるのに対し、低所得の夫では非正規労働者が約六～一一％おり、明確な格差が存在していることも事実である。なお、表1―4では妻の正規労働、非正規労働の区分については示していない。これについては後の章で、別の統計をもとに詳しく検討する。

最後に、妻の職種に注目しよう。低所得の妻の職種は、事務職と販売・サービス職がそれぞれ三〇％台でもっとも比率が高い。「その他の職種」（主としてブルーカラー職）も二〇％強を占めている。それに比べて、専門職・技術職は一〇％前後、管理職にいたっては一％前後と、非常に少ない。

一方、高所得の妻は対照的な傾向を示している。販売・サービス職の割合は夫が低所得の場合で一〇・〇％、夫が高所得の場合も四・七％と少ない。一方、事務職はそれぞれ五二・九％、四四・〇％と約半数に達している。「高所得」とはいえ、より所得の高い専門職や管理職ではなく、事務職が多数を占める点は、女性の仕事をとりまく状況を示している。それでも高所得の妻には専門職・技術職の比率が他の層に比べて多いことは押さえておきたい。とくに夫が高所得の場合、その比率は三〇・七％に達する。

残念ながらこの表からは、夫の職業についてはわからない。ただ、次章の表2―5（七七ページ）で示すように、男性の職業も女性と似た様相を呈している。

本章では、夫が高所得の場合は妻が働かず、低所得の場合は働くことで、夫婦間の格差が縮小するという「ダグラス・有沢の第二法則」が崩れ、むしろ妻の所得が夫婦間の格差を拡大する要因となっていることを指摘した（一部、法則が残存していることにも触れた）。そのうえで、高所得の夫婦と低所得の夫婦について、その概略を示した。両者の格差の極端なケースについては、第3章であらためて触れるとして、次章では、そもそも夫婦の始まりとなる「結婚」について分析したい。

第2章　どういう男女が結婚するのか

本章ではどういう女性とどういう男性が結婚して夫婦となるかを探究する。具体的には、どのような結婚相手を望み、それをどれだけ実現させているか。そして、結婚に至るまでのプロセスにおいて、どのような行動をしているか、などを分析する。

1　結婚相手に何を望むか

なぜ一夫一婦制なのか

そもそも結婚とは、未婚の男女が契約を結び、共同の生活を始める様式である。現代のヨーロッパなどでは、「同棲」に代表されるように、結婚という契約など結ばず共同の生活を始める男女も非常に多い。フランスなどでは、こうした男女から生まれる子どもの数が、公式に結婚している夫婦から生まれる子どもの数より多いほどである。また、一夫多妻制や一妻多夫制の国や地域もごく少数ながら存在しているし、俗に言う「妾《めかけ》」「愛人」や不倫関係も無視できない。だが、それでも一夫一婦制が世界的に大原則となっている。

一夫一婦制が採用されているのには、大きな根拠が三つある。第一に、子どもを養育する義務があるのは、精子を提供した男性と卵子を用いた女性という一組の男女である、ということを明確にするためである。大昔は、生まれてくる子どもの親を特定できないことが多々あったため、子どもの養育に支障を来した。一夫一婦制であれば、父と母が誰であるかを明確にして、子育てを義務化することができる。

第二に、性の乱れを防ぐ目的がある。これはキリスト教などにおける倫理観から生まれた。しかし、倫理観に絶対というものはなく、その観念も時代とともに変化するので、この目的に価値を認めるか否かは、人によって異なるだろう。

第三に、弱者保護の目的である。権力、資産、容姿、体格、知能などさまざまな分野において強者と弱者が存在する以上、男性であれ女性であれ、男女関係に関しても強者と弱者に分かれることは避けられない。強者が多くの異性を抱え込んだり、弱者が異性から排除される事態を防ぐために、人類の知恵として一夫一婦制を考案した、という学説もある。

相補説と類似説

一夫一婦制を前提として、なぜ一組の男女が結婚するのかに注目してみよう。現在では一般には、男女間に愛情が芽生えることが結婚のきっかけであると信じられているが、ここでは愛情については多くを語らず、「組み合わせ」について主に考えたい。

結婚相手に求める基準に関して、「相補説」と「類似説」の二つの学説がある。相補説は、お互いに違った点をもち、補完できるような組み合わせのほうが結婚生活がうまくいくと考える説である。類似説は、資質の似た者同士の夫婦のほうがうまくいくと考える説である。

つまり相補説で言えば、経済力のない人は経済力のある相手を求め、精神的に弱い人は心の強い相手に惹かれ、背の低い人は高い人を求める、ということになる。自分にないものを相手に求め、補完したいと希望するのである。このとき鍵を握るのは優位に立つ側であろう。たとえば、経済力のある人は、相手に経済力がなくても結婚生活はうまくいくと考え、背の高い人は相手の背が低くても気にしない、といったことが結婚を成立させる条件となる。その場合、ある点で欠けている側も、また別の点で魅力をもっていることが必要になるかもしれない。

一方の類似説は、たとえば美男（女）ほど美女（男）を求めるとか、秀才ほど才媛を求める、背の高い（低い）人ほど背の高い（低い）人を求めるということになる。同じ素養なり資質を共有する夫婦のほうが、相手の欠点が気にならず、うまくいくと考えるのである。

相補的な相手を好むか、類似的な相手を好むかは人によって異なるが、次のように考えられるのではないか。経済力、体格、容姿、性格といった多くの変数のどれにこだわるか、人によって異なる。また、個人はすぐれた変数と劣った変数を同時に保持しているのが一般的である。つまり、すべてにおいて相補的であったり、類似的であったりするのではなく、各変数において相補的になったり、類似的になったりしているのではないか。

ここで重要な点は、さまざまな変数（あるいは基準）に関して、人にはそれぞれの優先順位があり、それが結婚に関して貴重な情報となるということだ。

晩婚・未婚・離婚原因の三仮説

結婚に関して、アメリカで展開されている学説を見てみよう。加藤（2004）に要点を押えた解説があるので、それに準拠しつつ経済学的な解釈を新しく加える。

人々がいつ結婚するかについて、つまり今問題になっている晩婚化や未婚化や離婚に関して、三つの仮説がある。（1）女性の自立仮説、（2）相対所得仮説、（3）つり合い婚仮説である。

かつては、夫は外で働き、妻は家事・育児にいそしむ、という夫婦の役割分担が一般的であった。しかし現代は、女性の学歴上昇や男女平等意識の普及、女性の労働意欲の向上により、女性が労働して所得を得るようになった。こうして、家事・育児に妻が特化できなくなったことに注目して生まれた仮説が（1）の「女性の自立仮説」である。『国富論』を著し、「経済学の父」とされるアダム・スミス以来、経済学は「分業のメリット」を大切にしてきた。ある点の資質にすぐれた人と、別の点ですぐれた人が共同で作業をすれば、生産の効率がより高くなる、という概念である。夫婦であれば、高い教育を受けた夫が外で働けば高い所得を得ることができるし、低い教育しか受けられなかった妻が家で家事・育児をすれば、家庭内生産の効率が高まるので、夫婦は家庭内で分業したほうがよいと考えた。このことはノーベル経済学賞を受賞したG・ベッカーによって証明された。女性には出産があり、子育てにふさわしいと考えられてきたことも、分業を説明する理由のひとつであった。

しかし、女性が働くことに目覚めれば、家事・育児に魅力を感じなくなり、結婚しないとか、子どもをもたないとか、離婚を希望する人も増える。とくにアメリカではこの傾向が顕著となったことから、「女性の自立仮説」が主張された。

（2）の「相対所得仮説」とは次のような考え方である。人が結婚や出産に踏み切るのは、将来にわたって安定した生活設計ができると確信したときである。将来予測は、将来にわたって得られる「稼得能力」と、「期待する生活水準」の比較によって行われる。両者の比率を「相対所得」と称する。相対所得の比率が改善（「期待する生活水準」に対して「稼得能力」が上昇）することが見込まれれば結婚を促進する一方で、既存の結婚の停止＝離婚を後押しすることもあり、逆に悪化すると予測されれば結婚するのを遅らせる要因になると考えた。経済学者のR・イースタリンの説である。相対所得の改善が予測されれば本当に離婚に至るのか、あまりにも経済に偏った考えで説得力がない、という批判はありえよう。

（3）の「つり合い婚仮説」は、結婚相手を探すのに様々なコストがかかる点に注目する。職探しについて、経済学には「ジョブ・サーチ理論」というものがある。すなわち労働市場においては、求職者と求人する企業がお互いにマッチングを目指して交渉する、という理論である。相手を探すにはコストがかかるし、相手の情報をすべて知っているわけではない(不完全性がある)ので、求職と求人のマッチングには不確実性が伴い、なかなか成立しない。結婚相手探しも同じで、経済力、容姿、性格、学歴、職業などの多くの特性が関係するため不確実性が高くてマッチングがうまくいかず、これが晩婚化の説明要因となる。この説を主張したV・オッペンハイマーは社会学者であるが、経済学の概念を用いた仮説であると理解してよい。

社会学者の加藤彰彦は日本のデータを用いて、この三つの仮説を検証している。その結果によると、(1)「女性の自立仮説」の不支持、(2)「相対所得仮説」の部分的支持、(3)「つり合い婚仮説」の支持となった。つまり、日本においては男女間のマッチングがうまく進んでいない、というのが結論である。

アメリカ発の三つの仮説すべてが経済学の理論や分析手法を応用しているわけだが、経済学者以外からは、愛情、思いやり、絆といった心理的なことも結婚(あるいは晩婚、未婚、離婚)の説明には重要ではないか、という声があるだろう。それは、そのとおりだと思う。今後の議論では、そのことも念頭に置きたい。

男は外見を、女は収入を重視する理由

時代を問わず、人間の本能に注目する立場から、男性は女性の「外見」を重視し、女性は男性の「収入」や「職業」を結婚相手への希望として重視する、という通念があった。とくに文化人類学の立場から、オスはメスの肉体的魅力や容姿にこだわり、メスは外敵からメスや子どもを守ったり餌を確保するオスの力に価値を置くのが動物の本能だとされる。しかし動物にも例外は多くあるので、これが人間にそのまま当てはまるかどうかは不明である。代表的な例外として、孔雀のオスがその羽根の美しさでメスに対する魅力を競うことが挙げられるし、ライオンのオスはタテガミを誇る。

しかし、相手の肉体的魅力や外見にこだわるのは男性に限らず、女性も同様だと考えたほうが自然であろう。それでは、なぜ男性は外見を、女性は収入や職業をより重視するようになったかといえば、それは夫婦の経済生活のあり方に大きく左右されてきたからである。

「夫が外で働き、妻は専業主婦」という組み合わせを考えれば一番わかりやすい。所得を稼ぐのは男性であるから、女性からすれば相手の収入や職業を重視することによって、より豊かな経済生活を送ることが可能となる。男性からすれば相手の所得はゼロなので、女性の収入や職業は無視してよく、むしろ外見を優先することができる。夫婦共働きでも似たようなメカニズムが発生する。一般に男性の教育水準は女性より高いので、所得も男性のほうが高くなる。その結果、家計所得の夫への依存度が高くなるため、やはり女性が結婚相手への希望条件として収入や職業を挙げることが理にかなっている。

しかし現代は、女性の高学歴化が進んで稼得能力が高まり、労働参加の希望も高まりつつある。女性の所得が高ければ、男性の収入や職業を重視する必要がなくなり、ほかの基準（たとえば外見など）が重視されるようになるだろう。これはすでに述べた「相補説」の説明と合致する。一方、女性が男性並みの所得を得るようになれば、女性の収入や職業に期待する男性が出現するかもしれない。さらに進めば、女性が外で働き、男性は仕事をやめて家事・育児に徹する〝専業主夫〟になるといった夫婦が増えていく可能性もある。

「類似説」を適用させれば、別の考え方もできる。女性の教育水準が高くなり、専門職や管理職に就くようになると、夫の教育や職業との関係にも変化が生まれる。ひと昔前であれば妻は夫より学歴が低いのが一般的であったが、これからは同水準の学歴・職業同士の夫婦が増えるのではないだろうか。その場合、両者がともに高学歴・高収入という夫婦の増加が予想される。これについては第1章でも触れたが、第3章でより詳しく触れたい。

ここで流行語から、女性の「理想の男性像」の変遷を見てみよう。ひと昔前は「三高」——身長、学歴、収入の三つが高い男性——が女性にとって理想の男性像であった。学歴の高いことは高収入につながるので、両変数はほぼ同次元のことを述べており、専業主婦志向の強かった時代の女性が結婚相手の所得を重視していたことがよくわかる。また高身長という条件からは、女性も男性の外見にこだわっていたことがわかる。しかし、「三高」などという特質をもった男性は、現実にはかなり少数派だったため、多くの女性がそのうちのどれかに諦めをつけたのは確実であろう。

二一世紀に入ると「三高」に替わり、「3C」という言葉が登場した。これは小倉（2003）によるもので、英語のcomfortable（快適な）、communicative（通じ合える）、cooperative（協力的）の頭文字のCをとったものである。「3C」は、十分な収入の下での余裕のある生活、価値観を共有するスタイル、家事や育児に協力的な男性を理想としている。ここでも男性の収入は重視されているが、夫婦生活での対話や家事・育児への夫の協力に期待している点は新しい時代の波を感じさせる。

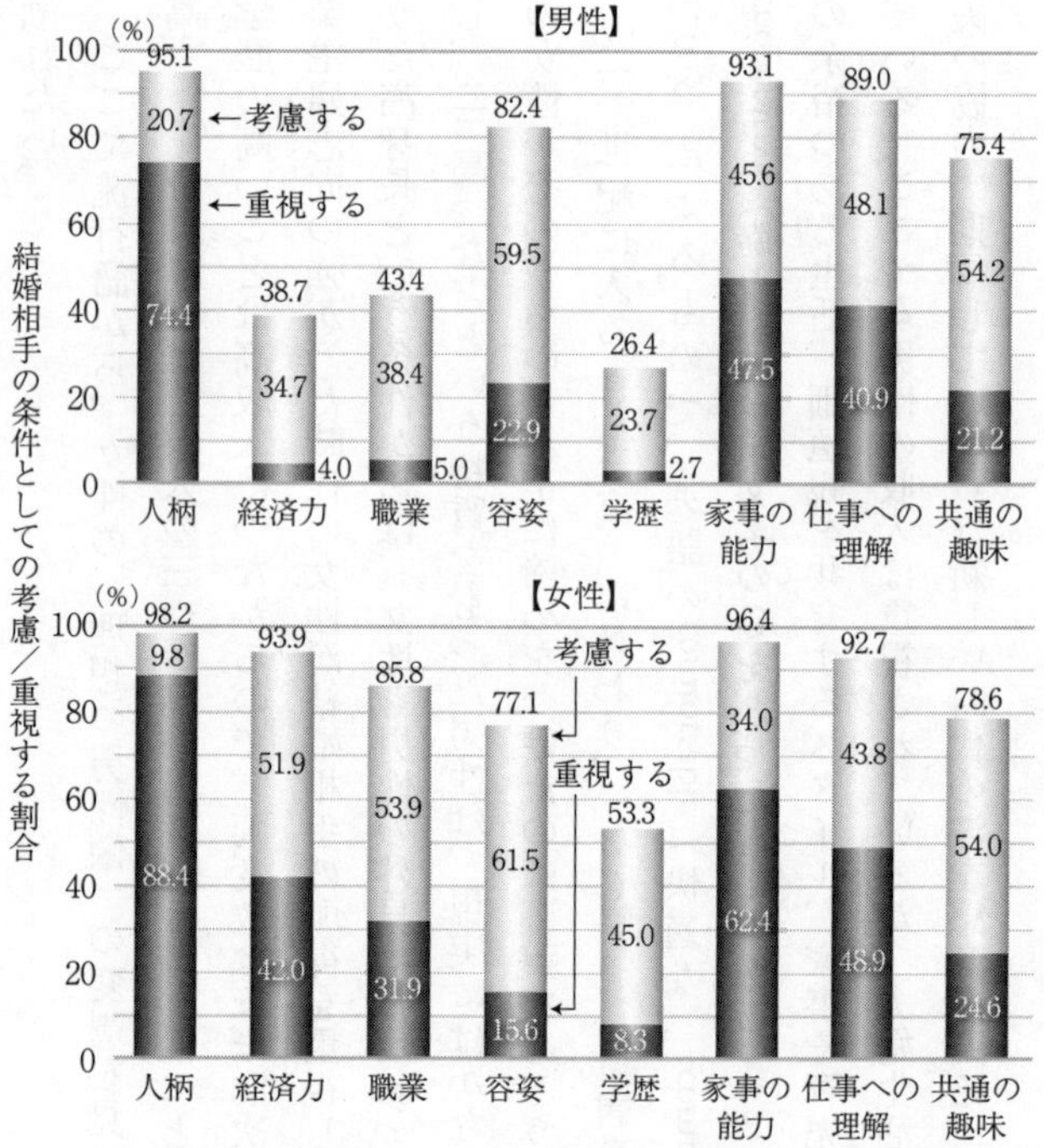

図 2—1　結婚相手の条件として考慮・重視する割合

注）対象は「いずれ結婚するつもり」と答えた 18～34 歳未婚者．設問「あなたは結婚相手を決めるとき，次の①～⑧の項目について，どの程度重視しますか．それぞれあてはまる番号に○をつけてください．」（1．重視する　2．考慮する　3．あまり関係ない）

国立社会保障・人口問題研究所「第 14 回出生動向基本調査，独身者調査」（2011）より作成

未婚者は相手に何を望んでいるか

それでは、今日の未婚者が結婚の際に相手の資質のうち、何を重視しているかに注目してみよう。図2―1からは、いろいろと興味深い発見があるので、詳しく検討していこう。

第一に、男女ともに圧倒的な比率で、相手の人柄、すなわち性格を考慮、または重視する、としている。具体的な人柄の中身は不明であるが、先述の「3C」から類推すれば、会話が弾み、結婚生活を円満に送ることのできる相手を求めているのだろう。至極まっとうな希望である。

第二に、人柄に次いで、「家事の能力」と「仕事への理解」を考慮・重視する割合が高いことに注目したい。結婚生活は愛情だけでは成立せず、家庭での日常生活を順調に送るためには、家事をしっかりせねばならないという認識があるのだろう。これに関しては橘木・木村（2008）で強調した。このグラフでは最新の調査結果のみ示しているが、過去の調査と比較すると興味深いことがある。一九九七年から二〇一〇年にかけて、「家事の能力」を考慮・重視する割合の合計は、男女ともに八〇%台後半から九〇%台に上昇しているが、一貫して女性のほうが高い数字なのである。そして、女性の場合はとくに「重視する」の伸びが著しく、四三・六%から六二・四%にまで上昇しているのだ。妻が働きに出る比率が高まっており、夫も家事に協力してほしい、という女性からの強い願望がある証拠だ。「仕事への理解」に関しては、男女ともに変化はさほどない。

第三に、男女間で考慮・重視する割合が大きく異なるのは、経済力、職業、学歴である。経済力を考慮・重視する女性が九〇%を超えるのに対して、男性は「考慮する」が約三五%、「重視する」にいたってはほんの四%にすぎない。性別役割分担の意識が昔と比べて弱まってきたとはいえ、まだ根強く残っている証拠と言えよう。

しかし、ここ二〇年ほどの変化に注目すると、女性が男性の経済力を「重視する」割合が一〇ポイント弱上昇しているのみならず、男性が女性の経済力を「考慮する」割合も一〇ポイント以上、上昇している(「重視する」も微増)。日本経済の不況が深刻になり、男性の所得額が低下しているなか、男性は女性にも働いてほしいと希望し、女性の側も低所得や失業中の男性が相手では結婚に踏み切れないと宣言している、と解釈するのは、意地の悪い見方だろうか。

また、男性の職業を気にする女性が圧倒的多数なのに対して、男性は女性の職業に関して約四〇%が考慮・重視するにすぎない。「外で働く」役割の男性の職業を重視する女性と、女性に高所得を期待せず、その職業にも高い関心を抱かない男性との違いであり、これも従来の性別役割分担を引きずったものである。学歴、すなわち教育に関しても、ほぼ同じことが言える。

しかし教育に関しては付記すべきことがある。ほかの項目と比較すると学歴を考慮・重視する比率はもっとも低い。学歴社会、教育格差がこれだけ叫ばれる時代に不思議に思われる向きもあるかもしれない。その理由を解く鍵は、後に述べるように、教育水準、学歴に関しては同類婚（似たような学歴をもつ人同士が夫婦になるということ）が多く、あえて相手の学歴など気にせずとも自然と自分の学歴に「ふさわしい」人と夫婦になる、と皆が予知していることにある。

ただし、どの学校（とくにどの大学）を卒業したか、という出身校に注目すると、異なる事実が現れる。この図2―1での「学歴」とは、大卒か、短大卒か、高卒か、中卒か、といった学校の段階・水準に関する志向を示したものであり、どの学校（とくにどの大学）を卒業したかについて回答を求めたものではない（一部には学校名と理解した回答者もいるだろうから、注意は必要かもしれない）。出身校に注目した結果については本章後半で述べる。

最後に、第四のポイントとして、「容姿」について触れておこう。日本の通念として、女性は男性の外見や容姿にあまりこだわらないと述べてきたが、図2―1によると、その通念を捨て去ったほうがよいかもしれない。たしかに結婚相手の容姿を考慮・重視する男性の割合は女性より高いが、大きな差ではない。女性も男性とさして変わらず、相手の外見にこだわっていることがわかる。男性アイドルに嬌声を上げる女性の姿を思い浮かべれば、女性も美男（今日風に言えばイケメン）志向の強いことは驚きでない。

かつては、そうした気持ちをあからさまに口に出したり、行動に移すことは「おしとやかではない」とされていたかもしれないが、自ら所得を得る女性も増え、独立心が強くなるなかで、堂々と男性の外見へのこだわりを女性も表せる時代になったのかもしれない。実際、女性が男性の容姿を「考慮する」「重視する」割合の合計は、一九九二年は六七・七%、一九九七年は六七・三%、二〇〇二年は七三・二%、二〇一〇年は七七・一%と確実に高くなっている。

2　結婚に至るプロセス

恋愛か見合いか

戦前から戦後二〇年ほどを経るまでは、日本の結婚は大半が見合いによるもので、恋愛結婚は少数派であった。国立社会保障・人口問題研究所（2007）によれば、一九三五年には見合い結婚が六九・〇％、恋愛結婚が一三・四％であった。戦後になって前者の比率が低下、後者が上昇し、一九六五年から七〇年頃にかけて両者の比率は半々となった。その後もこの傾向は続き、現在では見合い結婚は六％程度、恋愛結婚は九〇％近くにまで達している。

ここで一言述べておきたいのは、見合い結婚と恋愛結婚の区別は、0か1かとデジタルに割り切れるものではなく、曖昧だということである。戦前であれば、本人同士は一度も会わずに親同士が結婚を決めるようなケースもあったが、戦後になると、第三者が間に入って紹介を行い、その後本人同士がしばらくつき合ってから結婚するのが、通常の見合い結婚の流れとなった。その過程でどちらかが相手を好まなければ破談に至る。恋愛結婚ほどの感情の高ぶりはないかもしれないが、お互いが好印象、好感情を抱いた結果には違いない。

一方の恋愛結婚においても、結婚相手を探す前提で公式な身上書を取り交わすようなことこそなくても、誰かの紹介で知り合って交際を始め、結婚に至るケースは多い。また、つき合い始める頃から相手の身上(学歴、職業、年収、家柄など)は大なり小なりわかっているのが通常である。

つまり、第三者が間に入って結婚を前提に紹介し、しばらくの交際の後に結婚する「見合い結婚」も、必ずしも結婚を前提にせずにあらゆる機会を通じて知り合って交際を始めた男女が結婚に至る「恋愛結婚」も、強弱の差こそあれ、お互いに好意や恋愛感情を抱いて結婚に至る点では共通しており、現代においてそれほど区別する必要があるのか、というのが筆者の疑問なのである。

どこで出会うか

ともあれ、九〇%前後が恋愛結婚である現在、男女はどういう機会を通じて知り合っているのだろうか。**表2—1**は夫婦が出会ったきっかけを示している。もっとも比率が高いのは、「友人・兄弟姉妹を通じて」の出会いである。見合いのように身上書の交換はないが、「紹介結婚」と称してもよいケースではないか。広い意味での見合い結婚は消滅してはいない。

表2—1　夫妻が出会ったきっかけ

(%)

恋愛結婚（88.1）							見合い結婚	その他・不詳
職場や仕事で	友人・兄弟姉妹を通じて	学校で	街なかや旅先で	サークル・クラブ習いごとで	アルバイトで	幼なじみ・隣人		
29.3	29.7	11.9	5.1	5.5	4.2	2.4	5.2	6.8

注）対象は各調査時点より過去5年間に結婚した初婚同士の夫婦．見合い結婚とは出会いのきっかけが「見合いで」「結婚相談所で」の合計．集計客体数1136．
国立社会保障・人口問題研究所『第14回出生動向基本調査』（2010）より作成

それとほぼ並んで比率が高いのは「職場や仕事で」の出会いである。世に「職場結婚」という言葉があるが、日本では職場での出会いが大きな比重を占めている。朝から夜まで同じ場所で仕事をしていれば情が移ることもあるし、相手の性格がわかるなど、メリットは大きい。また「アルバイトで」の出会いという回答も合わせると、日本では働く場所で知り合う機会がもっとも多いと言える。

男女の出会いに職場がこれほど大きな役割を負っているということは、逆に言えば男性ばかりの職場、あるいは女性ばかりの職場であれば、（人気を集める一部の男女を除いて）異性と知り合う機会がない、ということになる。

筆者にとって興味深いのは「学校で」の出会いが一一・九％と三番目に高い比率を占めていることだ。大学のキャンパスで知り合うとか、中学・高校時代の同級生が在学中からつき合うケース、あるいは学校を卒業してから同窓会などで再会して結婚に至るようなケースである。アメリカの大学では、在学中に知り合って結婚するケースがかなり多い。かつては高校卒業後にすぐ結婚することすらあった。日本は多くの社会現象においてアメリカ社会の後を追う傾向にあるので、今後は学校で伴侶を見つけるケースが増加するかもしれない。学校が知り合う機会の場となる主な理由は、同じような境遇や素養をもつ人がその学校に集まる点にある。「類似説」が当てはまるのである。

「見合い結婚」の割合は低いが、先に述べたように、紹介による結婚は少なくない。また、結婚紹介ビジネスが繁栄しつつある点も見逃せない。今後、職業紹介ビジネスほど成長することはないだろうが、それに慣れた日本人は、結婚紹介ビジネスへの抵抗感も薄れてきているのではないか。「多くの人のなかから自分にふさわしい相手を探せる」という点に期待がもたれているように思われる。

結婚のメリット

出会いに続いて今度は、なぜ人は結婚に踏み切るのかに注目しよう。

国立社会保障・人口問題研究所の「出生動向基本調査、独身者調査」(二〇一〇年)に

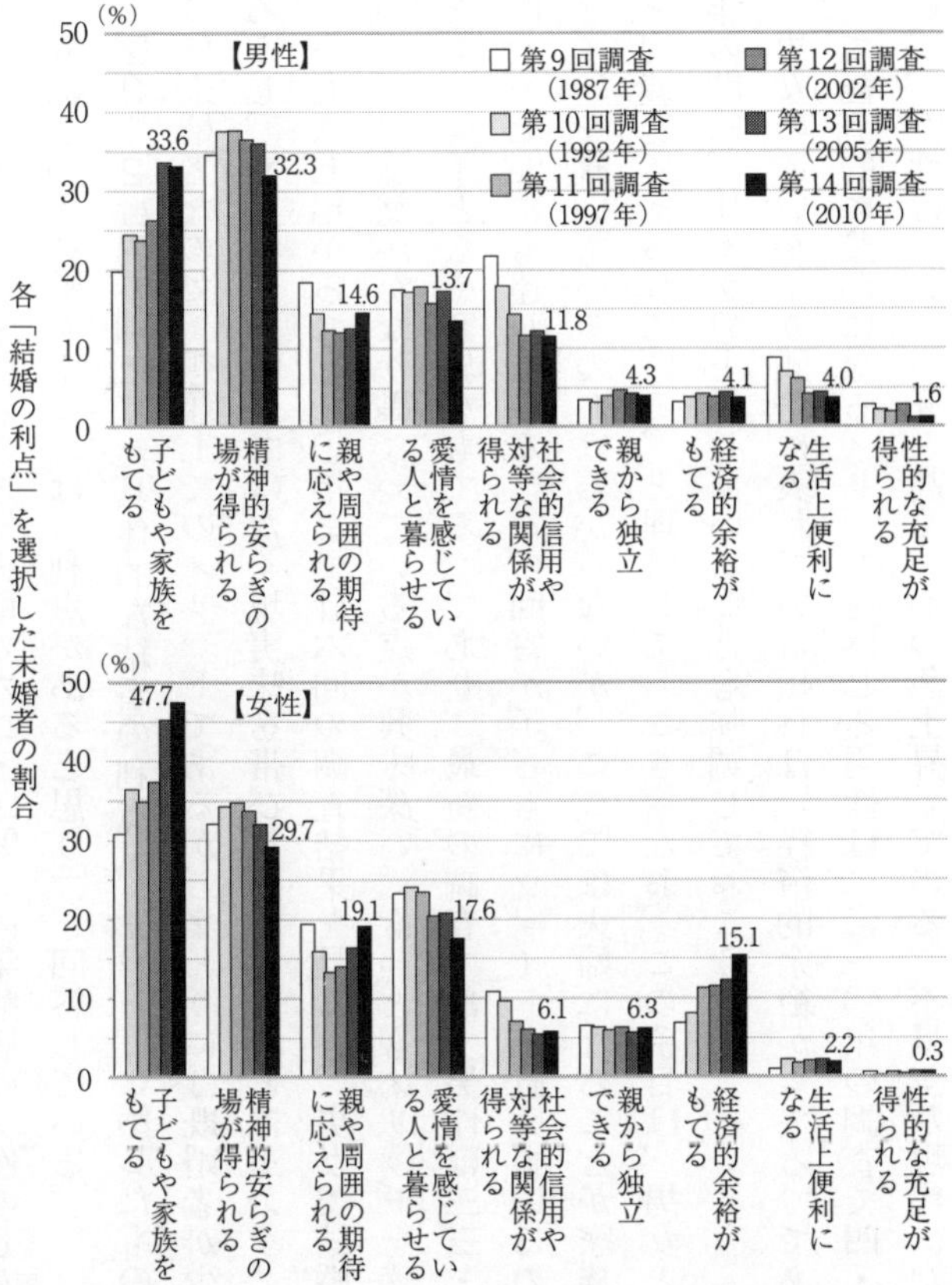

図2—2　結婚することの利点

注）18～34歳未婚者のうち何パーセントの人が各項目を主要な結婚の利点（二つまで選択）として考えているかを示す.

グラフ上の数値は第14回調査の結果.

国立社会保障・人口問題研究所「出生動向基本調査，独身者調査」より作成

よれば、十八〜三十四歳の未婚男性の六二・四％、同年齢層の女性の七五・一％が今の自分にとって結婚することは「利点があると思う」と回答している。

図2―2は男女別に見た具体的な結婚の利点（メリット）を示したものである。回答者は未婚者なので、想像上でのメリットであるが、まわりには既婚者が少なくないであろうし、まったくの空想ではなく現実味を帯びた感情の表れと言えよう。

一九八七年から二〇一〇年まで計六回の調査結果を見ると、男女で結婚のメリットについての感覚がかなり異なっている点が興味深い。もっともメリットを感じる点は男女ともに「子どもや家族をもてる」であり、最新の調査では、男性は三三・六％、女性は四七・七％にも達している。この回答が子どもにウェイトを置いているのか、家族にウェイトを置いているのかはわからないが、ここでは夫婦になることが家族をつくることと同義と考えられている、と理解しておこう。なお、この項目は、男女ともに過去二三年の間に、比率が急上昇していることも強調しておこう。

男女の違いがより顕著に表れている項目は「経済的余裕がもてる」である。結婚によって経済的に豊かになるメリットを感じる男性は二〇一〇年の調査で四・一％にすぎないが、女性は一五・一％と高く、かつ急上昇している。不景気な現代に女性が働いても高い所得が得られないので、夫の所得に期待する程度が高まっているのだろう。

現時点で、男女ともに「子どもや家族をもてる」に次いで高い比率を占めるのは、「精神的安らぎの場が得られる」である。日本の男女が結婚に期待するのは、「家族をもてる」ことと「精神的安らぎ」とに凝縮されている。さらに、「愛情を感じている人と暮らせる」という割合も高いことから、「結婚とは、家族をつくり、愛情を感じる人と精神的な安らぎをもちながら暮らせることだ」と感じているのだろう。

そのほか、男性では「社会的信用や対等な関係が得られる」との回答が低下しており、ひと昔前によく言われた「結婚で身を固める」という言葉はもはや「死語」かもしれない。一方で、女性に関しては、「親や周囲の期待に応えられる」がいまだ三番目に多い回答となっており、娘の結婚に期待する親と、それに応えようとする女性の心理とが想像される。

反対に、結婚のメリットとしてほとんど感じられていない項目も見てみよう。先に見たように男性にとっての「経済的余裕がもてる」のほか、男女ともに「親から独立できる」「生活上便利になる」「性的な充足が得られる」などは重視されていない。日本では結婚するまで親と一緒に住んでいて、結婚によって独立するケースが多いが、そのことはとくにメリットと感じられていないようだ。「生活上便利になる」の少なさは、結婚前後で生活があまり変わらないことを暗示し、「性的な充足が得られる」が少ないのは婚前交渉が珍しくない時代ならではの回答である。

そもそも結婚にメリットを感じる人はどのような人なのだろうか。同「出生動向基本調査」によると、働き方によって差があると指摘されている。正規職員や自営・家族従業員の未婚男性で結婚に利点があると感じる人は七〇%前後で推移しているが、パート、アルバイト、無職などでは五〇%前後にとどまる。後者の場合、結婚生活を送るだけの経済力をもつことが難しいため、そもそも結婚できないと予想して、メリットなしと感じるのではないか。半分あきらめの境地がそう思わせている、と筆者は想像する。格差社会の影が結婚の可否にまで影響を与えている。なお同じくパート、アルバイト、無職などの未婚女性も男性同様に結婚のメリットを感じる比率がやや低いものの、男性ほどではない。女性は自分の所得が低くとも、男性と結婚することによって家計所得上昇を期待できるためだろう。ただし後に示すように、このような女性の結婚相手の所得も低いのが、厳しい現実だ。

なお、ここまでは未婚者について見てきたが、内閣府の「結婚・家族形成に関する調査」（二〇一一年）により、既婚者が結婚した理由を調べると、興味深い現実がわかる。子どものいる、二十歳代の既婚女性の約四〇%が「子どもができた」ことを結婚の理由に挙げているのだ（複数回答）。世に言う「できちゃった婚」（別名、さずかり婚）の広がりは、決してマスコミ上の幻想ではなく、まさに現実なのである。婚前交渉が普及していることも理解できる。

とはいえ、二十歳代の既婚女性が結婚したきっかけで一番多いのは「好きな人と一緒にいたかった」（六〇〜七〇%）である。子どものいない層では「適齢期だと思った」（約三七%）も多く、晩婚化が叫ばれる時代であっても、一部の女性は早めの結婚を希望していることがわかる。

三十歳代の妻となると、「適齢期だと思った」との回答が半数前後となる。ただし、「子どもができた」との回答も、子どものいる三十歳代の妻では一五%前後の数字を占め、ここでも「できちゃった婚」と「婚前交渉」の存在を確認できる。

3　理想と現実

夫婦の学歴差

橘木（1997）において筆者は、結婚は「ここらで手を打つ」「結婚はカケだ」「あばたもえくぼ」という言葉で特徴づけられるとした。希望どおりの相手と結婚できれば「めでたし、めでたし」であるが、この三つの言葉で象徴される結婚が現実には少なくないだろう。希望と現実のギャップはどのようなものだろうか。

先に述べたが、結婚相手にもっとも重視されるのは、男女ともに「人柄」であった。しかし、人柄についての考えはきわめて主観的なものであり、どういった人柄、すなわち性格の男女同士が実際に夫婦になっているのかを知ることは難しく、ここでは触れない。容姿についても同様である。そこで、ここでは客観的な数字や定義が明確な項目、つまり学歴と職業に関して、実際の夫婦の組み合わせを検討しよう。

まずは学歴である。ひと昔前と異なり、学歴へのこだわりが薄れてきていることは前述した。しかしその内実を見ていくと興味深いことがわかる。

表2—2a　夫の学歴別に見た妻の学歴比率

(%)

		妻の学歴						
		中学	高等学校	専修学校・専門学校	高等専門学校	短期大学	大学	大学院
夫の学歴	中学	32.69	50.00	9.62		7.69		
	高等学校	4.29	67.84	8.70	1.01	13.62	4.16	0.38
	専修学校・専門学校	1.45	34.78	28.99	0.48	22.71	11.59	
	高等専門学校		38.57	10.00	12.86	24.29	14.29	
	短期大学	4.55	52.27	9.09		22.73	11.36	
	大学	0.67	30.13	8.62	1.45	30.18	28.13	0.83
	大学院	0.36	9.82	8.36	1.09	24.36	45.82	10.18

表2—2b　妻の学歴別に見た夫の学歴比率

(%)

		夫の学歴						
		中学	高等学校	専修学校・専門学校	高等専門学校	短期大学	大学	大学院
妻の学歴	中学	42.86	28.57	9.52			19.05	
	高等学校	4.87	54.12	7.23	2.52	1.34	28.57	1.34
	専修学校・専門学校	3.50	38.52	13.23	1.17	2.33	38.13	3.11
	高等専門学校		27.59	20.69	10.34	13.79	24.14	3.45
	短期大学	2.83	21.30	8.91	1.96	1.74	56.96	6.30
	大学	0.62	11.96	6.21	1.86	0.78	64.29	14.29
	大学院		4.26		8.51	2.13	36.17	48.94

ともに橘木科学研究費調査 (2011)「幸福感分析に基づく格差社会是正政策と社会保障改革」より作成

社会学では、日本の夫婦は同類婚（夫の学歴と妻の学歴が同一）が一番多いと主張してきたが、国立社会保障・人口問題研究所の「出生動向基本調査」で見る限り、一九九二年こそ学歴が同一である同類婚が五一・九％と過半数を占めていたが、その後は夫と妻の学歴が異なるケースが増え、今や同類婚は過半数を割り込んでいる。二〇〇五年時点では、四四・一％が同類婚、夫の学歴が上回る夫婦が三五・一％、その逆は二〇・九％となっている。

別のデータを用いて、夫婦の学歴の組み合わせをさらに確認しよう。表2―2a・bは筆者らによって二〇一一年度に実施された独自のアンケート調査（標本数八〇五八名）の結果である。

まず男性の側から、どういう学歴の女性と結婚しているか見てみよう。中卒の男性は約三三％が中卒の女性と結婚しているが、それ以上の五〇％が高卒の女性と結婚している。短大卒の女性と結婚しているのは約八％、大卒との結婚はゼロである。高卒男性は約六八％が同じ高卒女性と結婚している。一方で、約一八％が短大卒・大卒女性と結婚しており、これは先の調査での「妻の学歴が夫を上回る」ケースにあたる。大卒男性は、中卒の女性との結婚はゼロに近く、高卒と短大卒の女性がともに約三〇％、大卒女性はそれよりやや少ないが同程度である。

次に女性の側から見てみよう。中卒の女性は、同じ中卒の男性と約四三％、高卒男性と約二九％が結婚しており比率が高い。しかし、大卒男性とも約二〇％が結婚している。大卒女性と結婚している中卒男性が皆無であったのと対照的である。高卒女性は約五四％が同じ高卒の男性と結婚している。大卒男性との組み合わせは約二九％である。こちらも、高卒男性が大卒女性と結婚する確率よりも、高卒女性が大卒男性と結婚する率のほうが高いことがわかる。短大卒・大卒の高学歴女性は、それぞれ過半数以上が大卒男性と結婚している。高卒男性との結婚は短大卒女性では二〇％を超すものの、大卒女性では少数派であり、中卒男性とはいっそう少ない。

つまり、高卒男性が高卒女性と結婚する率、大卒女性が大卒男性と結婚する率を筆頭に、いまだ同類婚が多い（ともに第３章で述べるウィークカップル、パワーカップルの特質とみなせる）。また、総じて女性の学歴が男性よりも低い組み合わせが多い。これは女性と比べて男性のほうが、上級の学校への進学率がまだ高いことを反映している。いずれも「出生動向基本調査」のデータと整合的である。

大学名へのこだわりはある

ここまでの議論と完全に矛盾するようだが、大卒に限定して言えば、どこの大学を卒業したかということに、逆にこだわりが強くなっている感を筆者はもっている。大学と大学生の数がこれだけ増加したことで、「大卒」の肩書きは社会での成功を約束する切符ではなくなった。偏差値教育の浸透で入試の困難な大学とそうでない大学の差が顕著となり、大学間の格差も拡大した。このことを橘木（2008, 2010）では、教育の「三極化」と呼んでいる。すなわち、「名門大卒」「非名門大卒」「その他」という三極である。そして今日に至っては、大卒か否かの違い以上に、大学名、つまり「名門大卒」と「非名門大卒」の違いこそが重要だと多くの人が思い始めているのではないだろうか。

もとより昔から、日本で「学歴社会とは何か」と問われれば、高卒と大卒の格差というよりも、「名門校と非名門校との格差が、その後の人生を決める程度が強いこと」と多くの人が認識していた。この認識がますます強くなっているのではないか。そしてその認識が結婚相手、あるいは恋人の条件に関しても大きく影響を与えていると筆者は予想するのである。

データでそのことを考えてみたい。『プレジデント』誌（2011）は独身男女それぞれ

表2—3a　独身男性1000人の理想&妥協ライン

(%)

自分の学歴＼相手の学歴		A	B	C	D	E	無名の大学でもよい	F	G	H	どの学歴でもよい
H 中学校	理想	0.0	0.0	0.0	0.0	0.0	0.0	0.0	7.1	0.0	92.9
	妥協	0.0	0.0	0.0	0.0	0.0	0.0	0.0	7.1	0.0	92.9
G 高校	理想	4.1	0.4	0.0	0.7	0.4	14.4	5.2	23.3	0.0	51.5
	妥協	0.4	0.0	0.4	0.0	1.1	5.9	3.0	30.4	0.7	58.1
F 専門学校、短大	理想	4.5	1.1	1.1	1.1	1.1	19.7	8.4	10.1	0.0	52.8
	妥協	1.1	1.1	1.1	1.1	1.7	10.7	6.2	17.4	0.6	59.0
E 大・東・亜・帝・国クラス	理想	5.3	1.3	5.3	2.7	2.7	27.3	8.0	6.7	0.0	40.7
	妥協	0.7	0.0	0.7	2.7	5.3	14.7	13.3	19.3	0.0	43.3
D 日・東・駒・専クラス	理想	6.4	4.8	3.2	9.6	0.8	32.8	6.4	5.6	0.0	30.4
	妥協	2.4	0.0	0.8	7.2	3.2	24.8	12.0	12.8	0.8	36.0
C 成蹊・成城・明学クラス	理想	7.4	9.3	18.5	7.4	1.9	22.2	0.0	11.1	0.0	22.2
	妥協	0.0	0.0	13.0	1.9	7.4	25.9	11.1	16.7	0.0	24.1
B MARCHクラス	理想	5.7	28.7	4.6	0.0	0.0	23.0	4.6	2.3	0.0	31.0
	妥協	2.3	3.4	8.0	5.7	1.1	13.8	13.8	13.8	0.0	37.9
A 国立・早・慶・上智クラス	理想	27.0	6.9	6.9	1.9	0.6	20.1	4.4	2.5	0.0	29.6
	妥協	2.5	5.7	8.8	6.3	3.8	19.5	5.7	11.3	0.0	36.5

表2—3b　独身女性1000人の理想&妥協ライン

(%)

自分の学歴＼相手の学歴		A	B	C	D	E	無名の大学でもよい	F	G	H	どの学歴でもよい
H 中学校	理想	10.0	0.0	0.0	10.0	0.0	20.0	0.0	20.0	0.0	40.0
	妥協	10.0	0.0	0.0	0.0	0.0	0.0	10.0	0.0	0.0	80.0
G 高校	理想	8.4	2.3	3.4	1.5	0.8	32.4	2.7	15.3	0.4	32.8
	妥協	0.8	0.4	1.1	3.1	0.4	15.6	3.4	31.3	0.4	43.5
F 専門学校、短大	理想	14.9	9.9	5.1	3.7	2.9	39.2	3.5	4.0	0.3	16.5
	妥協	1.3	2.7	4.8	3.7	6.4	29.3	11.2	17.1	0.3	23.2
E 大・東・亜・帝・国クラス	理想	20.2	13.5	7.7	7.7	4.8	30.8	0.0	1.0	0.0	14.4
	妥協	0.0	3.8	4.8	8.7	17.3	35.6	3.8	4.8	0.0	21.2
D 日・東・駒・専クラス	理想	25.5	21.4	13.3	3.1	1.0	24.5	0.0	0.0	0.0	11.2
	妥協	1.0	6.1	7.1	24.5	7.1	26.5	7.1	5.1	0.0	15.3
C 成蹊・成城・明学クラス	理想	26.5	25.0	19.1	1.5	0.0	16.2	0.0	0.0	0.0	11.8
	妥協	1.5	4.4	27.9	14.7	2.9	22.1	5.9	5.9	0.0	14.7
B MARCHクラス	理想	44.1	28.8	5.1	0.0	0.0	18.6	0.0	0.0	0.0	3.4
	妥協	1.7	23.7	16.9	13.6	3.4	25.4	3.4	3.4	0.0	8.5
A 国立・早・慶・上智クラス	理想	64.3	6.1	1.0	1.0	0.0	12.2	2.0	2.0	0.0	11.2
	妥協	16.3	16.3	7.1	12.2	1.0	16.3	7.1	8.2	0.0	15.3

『プレジデント』2011年10月17日号より作成

一〇〇〇人にアンケート調査を行い、結婚相手の学歴、とくに大学名を挙げて、どのラインを理想とするか、あるいはぎりぎり妥協できるかを問うている。この表2―3a・bから、日本の学校間格差、男女差、心理的な葛藤など、様々なことがわかる。

まず、中卒、高卒の男女で相手に大卒を望む人は非常に少ない。高卒女性では大卒男性を望む人もいるが、そのなかでも、大学名にまでこだわらない人が大多数である。

男女差に注目すると、男性よりも女性のほうが相手の大学名にこだわる。大卒男性は女性の大学は無名でよいという人がかなりいるのに対して、女性の場合は自分の大学よりも名門度が高いか、同程度の大学の男性を望んでいる。「国立大・早慶上智クラス」卒業の女性の六四・三％が同クラス卒の男性を理想としているし、「MARCH（明治、青山、立教、中央、法政）クラス」卒、および「成蹊・成城・明治学院クラス」卒の女性の過半数が「MARCHクラス」卒以上の男性を理想としている。

なぜ入学の困難な名門大学で学ぶ女性は、相手の男性も同クラスの大学卒であることを希望するのか。いくつか理由が考えられる。難関校に入学する女性は少数派なので、自分に自信がある可能性が高い。自信があれば、男性にも同等ないしそれ以上の大学を希望するのは自然である。一方で、男性は劣等感を抱く可能性があるため、自分より格

表2—4a　夫の出身大学別に見た妻の出身大学比率

(%)

		妻の出身大学								
		旧帝一工	その他国公立	早慶	GMARCH・関関同立・ICU・上智	その他私立	医科大学	女子大学	短期大学	海外大学
夫の出身大学	旧帝一工	9.30	18.60	3.49	6.98	16.28		20.35	24.42	0.58
	その他国公立	1.65	27.72	0.33	3.30	17.16		17.82	32.01	
	早慶	1.16	10.47	17.44	4.65	16.28		17.44	32.56	
	GMARCH・関関同立・ICU・上智	1.09	4.35	0.54	18.48	19.57		21.74	33.70	0.54
	その他私立	0.50	7.30	0.76	3.27	32.24	0.25	13.60	40.55	1.51
	医科大学					20.00	20.00	40.00	20.00	
	女子大学									
	短期大学		44.44						55.56	
	海外大学		14.29		14.29	14.29		28.57	28.57	

表2—4b　妻の出身大学別に見た夫の出身大学比率

(%)

		夫の出身大学								
		旧帝一工	その他国公立	早慶	GMARCH・関関同立・ICU・上智	その他私立	医科大学	女子大学	短期大学	海外大学
妻の出身大学	旧帝一工	63.64	22.73		13.64					
	その他国公立	9.29	52.14	2.86	10.00	23.57	1.43		0.71	
	早慶	14.29	9.52	57.14	4.76	9.52				4.76
	GMARCH・関関同立・ICU・上智	10.84	18.07	4.82	45.78	15.66	1.20			3.61
	その他私立	7.73	16.57	4.97	12.15	56.91	1.10			0.55
	医科大学									
	女子大学	16.07	21.43	6.25	13.39	38.39	0.89			3.57
	短期大学	7.42	22.71	6.55	11.79	47.16	0.87		2.18	1.31
	海外大学		16.67			33.33				50.00

ともに橘木科学研究費調査 (2011)「幸福感分析に基づく格差社会是正政策と社会保障改革」より作成

上の大学卒の女性を避ける傾向があるとされる。象徴的な例として、「東大以外の男性は、東大の女性を避ける」という話がある。しかしこれは逆に、「東大の女性は東大の男性にしか興味がない」という見方もありうるのではないだろうか。

それでは、結婚相手の大学名への希望をどれだけ実現しているのか。われわれが大卒同士の夫婦について集めたデータによる表2―4a・bを見てみよう。大学を九のカテゴリーに分け、男女別に示している。

夫から見た場合、妻の大学カテゴリーは大きくばらついている。ところが女性を基準にすると、まったく別の結果が見えてくる。

まず、同じグループの大学を卒業した組み合わせが非常に多い。具体的な大学名まではわからないが、同じ大学の男性と結婚する人が多いのであろう。「旧帝一工（旧帝大・一橋大・東工大）」グループに注目すると、同グループの男性の比率が約六四％に達する。次いで「その他の国公立大」「GMARCH（先述のMARCHに学習院を加える）」や関関同立（関西、関西学院、同志社、立命館）ほか」という比較的入試の難易度が高い大学卒の男性が続く。「その他私立」大卒の男性と結婚している女性がゼロであることが印象深い（「早慶」卒の男性との結婚がゼロなのは不思議だが、たまたまこのデータに出現しなかったのかもしれない)。

「早慶」卒の女性が「早慶」卒の男性と結婚する比率も約五七%と非常に高い。早稲田大卒同士、慶應大卒同士の組み合わせと予想できる。橘木(2008)の示すように、早慶両大学の地位が入試の難易度や卒業生の活躍度から見ても高まっているので、両大学で学ぶ人の自信もついていることが理由のひとつではないだろうか。

最後に、その他の私立大や女子大、短大の卒業生は、いろいろなグループの大学を卒業した男性と結婚している。とはいえ、もっとも比率の高いのは、いずれも「その他私立」大卒の男性との組み合わせである。

以上をまとめると、名門大学とされる「旧帝一工」「早慶」の両グループを卒業した女性は、同グループを卒業した男性との結婚を望み、実現させている。こうした夫婦は、第3章で述べるパワーカップルの代表例である。ただ、それらの大学で学ぶ女性の数は男性と比べて少ないので、彼女たちに選ばれなかった同グループの男性は、他の大学を卒業した女性と結婚することになる。これが男性側から見た、女性の出身大学の散らばりの理由である。

東大卒は誰と結婚しているか

最後に、東大出身者の結婚について調べておこう（東大がどういう大学であるか、とくに最近の人材輩出力に関しては橘木［2009］参照）。

東大出身者の結婚について、興味深いデータが二つある。ひとつは、一九六四年前後に生まれた東大女子学生一二六人がどういう人生を歩んでいるか、に関する週刊誌『アエラ』が収集したデータである。二〇〇四年の収集なので、彼女たちが四十歳前後のときのデータである。この女性たちは、男女雇用機会均等法が施行された頃に就職した総合職の初期生である。

一二六人のうち会社員が三四人、公務員が一三人を数える。大学教員と研究員も計二八人と多い。医師、弁護士、会計士、建築士など専門技能の高い職業に就いている人も計一一人いる。一方、専業主婦も一五人を数える。なお、夫の職業も彼女らの職業と似た比率である。

興味深い事実は、結婚している一〇五人のうち夫も東大卒という人が七〇人を数えることである。東大以外の国立大卒を含めると九四人にもなり、東大卒女性が自分と同クラスの国立大卒の男性と結婚していることがわかる。

もうひとつのデータは東大卒男性の結婚相手である。橘木科学研究費調査（2011）に基づいて、年収一〇〇〇万円以上の東大卒男性一九名の妻の学歴と勤務状況を抽出してみた。高所得者に絞ったデータであるため、男性は一人を除き年齢が四十代以上となっており、専業主婦が一二名を数えている。妻の学歴に注目すると、短大卒が四名、大学卒が一三名という高学歴である。東大卒はいないが、お茶の水女子大、津田塾大、フェリス女子大、上智大、慶應大、京大、米ハーバード大と名門大学の卒業生が目立つ。

これらのことから、東大出身者が第３章で述べるパワーカップルを構成していることが予想できる。

夫婦の職業はどうか

次に学歴よりもはるかに重視されている「職業」について見よう。同類婚は、職業に関しても成立しているのであろうか。表２―５は、婚姻時の夫婦の職業を示している。上段は、夫の職業を基準に妻の職業の分布を示したもの、下段は妻の職業を基準に夫の職業分布を示したものである。

表の上下でもっとも大きな違いは何か。上段で夫の職業を基準に見たとき、妻が同じ職業に就いている率がもっとも高いのは九の職業のうち三にすぎない。それに対して、下段で妻の職業を基準に見ると、妻が事務職の場合を除いた残りすべてで、夫が同じ職業に就いている率がもっとも高い。また、その率自体も総じて高くなっており、たとえば夫が専門・技術職の場合、妻も専門・技術職という割合は二九・四%なのに対して、妻が専門・技術職の場合は、夫も専門・技術職という割合が四六・六%を占めている（なお、専門・技術職同士の夫婦に管理職を加えた組み合わせが、第3章で紹介するパワーカップルとなる）。

そのほかに比率の高い組み合わせを見てみよう。夫が事務職であれば妻も事務職、夫がサービス職であれば妻がサービス職というケースも多い。また妻から見ると、先の専門・技術職同士の組み合わせに加えて、妻が管理職であれば夫も管理職というケースも多い。妻が保安職、農林漁業職、運輸・通信職、生産工程・労務職でも、夫が同じ職業のことが多い。つまり、「妻がどのような職業に就いているか」ということが夫婦の経済的水準のバロメーターになっているのである。

くわえて夫と妻が異なる水準の職業、つまり高水準職業（職務の遂行が複雑で高い教育や技能を必要とする職業、専門職や管理職）と低水準職業（比較的単純な作業で高い教育や

表2—5　夫妻の就業状態・職業別にみた婚姻構成割合　2005年度

(%)

夫の職業	妻の職業													
	総数	就業者総数（有職）	A 専門・技術職	B 管理職	C 事務職	D 販売職	E サービス職	F 保安職	G 農林漁業職	H 運輸・通信職	I 生産工程・労務職	J 職業不詳	無職	不詳
構成割合														
総数	100.0	62.8	15.9	0.4	21.4	7.2	11.5	0.5	0.2	0.4	3.4	…	31.8	…
就業者総数（有職）	100.0	67.0	16.9	0.4	23.0	7.7	12.1	0.5	0.2	0.5	3.6	…	32.0	…
A 専門・技術職	100.0	70.4	29.4	0.3	23.9	5.6	8.7	0.1	0.1	0.2	1.7	…	29.0	…
B 管理職	100.0	61.8	12.2	5.5	26.0	6.6	8.5	0.2	0.1	0.2	1.6	…	37.0	…
C 事務職	100.0	72.4	14.1	0.3	44.8	4.5	6.8	0.3	0.1	0.2	1.1	…	26.8	…
D 販売職	100.0	68.4	12.5	0.3	25.0	18.8	9.3	0.2	0.1	0.2	1.6	…	31.1	…
E サービス職	100.0	64.7	10.3	0.2	13.2	6.5	31.2	0.4	0.1	0.3	1.7	…	34.5	…
F 保安職	100.0	65.8	18.3	0.2	18.4	5.7	9.5	9.1	0.2	0.4	1.7	…	33.4	…
G 農林漁業職	100.0	58.1	12.0	0.1	13.9	5.5	13.4	0.4	7.5	0.3	3.8	…	40.6	…
H 運輸・通信職	100.0	61.4	10.9	0.2	18.8	8.0	13.4	0.3	0.2	4.1	4.7	…	37.6	…
I 生産工程・労務職	100.0	62.4	12.3	0.1	18.3	6.8	12.2	0.2	0.2	0.3	11.5	…	36.7	…
無職	100.0	38.0	8.7	0.4	9.0	4.9	10.4	0.2	0.2	0.3	2.7	…	61.1	…
構成割合														
総数	100.0	100.0	100.0	100.0	100.0	100.0	100.0	100.0	100.0	100.0	100.0	…	100.0	…
就業者総数（有職）	91.4	97.5	97.6	95.9	98.3	97.3	96.4	98.2	96.1	97.4	97.0	…	92.0	…
A 専門・技術職	25.1	28.2	46.6	20.3	28.0	19.3	19.1	6.4	11.1	11.1	13.0	…	22.9	…
B 管理職	2.6	2.6	2.0	40.3	3.1	2.4	1.9	1.2	0.9	1.4	1.2	…	3.0	…
C 事務職	10.7	12.3	9.5	8.2	22.4	6.6	6.3	5.5	4.1	4.0	3.6	…	9.0	…
D 販売職	13.0	14.1	10.3	9.5	15.2	33.8	10.6	4.5	6.6	7.1	6.1	…	12.7	…
E サービス職	11.0	11.3	7.2	5.8	6.8	9.9	30.0	8.1	5.9	7.2	5.5	…	11.9	…
F 保安職	3.1	3.3	3.6	1.5	2.7	2.5	2.6	58.7	2.6	2.8	1.5	…	3.3	…
G 農林漁業職	1.2	1.1	0.9	0.5	0.8	0.9	1.4	1.0	45.3	0.8	1.4	…	1.6	…
H 運輸・通信職	5.4	5.3	3.7	2.8	4.8	6.0	6.3	3.2	4.5	49.8	7.6	…	6.4	…
I 生産工程・労務職	16.5	16.4	12.8	6.0	14.1	15.5	17.6	7.1	14.4	11.7	56.8	…	19.1	…
無職	3.6	2.2	2.0	3.8	1.5	2.5	3.3	1.5	3.6	2.4	2.9	…	7.0	…

注）構成割合では，総数には就業状態不詳が，就業者総数には職業不詳が含まれる．
厚生労働省「人口動態職業・産業別統計」(2005) より作成

技能を必要としないとされる職業、保安職、農林漁業職、運輸・通信職、生産工程・労務職）に就いているケースも少ない。このことも第3章での議論につながる。なお、これらの中間に位置する中水準職業に注目すれば、異なる水準の職業との組み合わせが少なくない。

第3章 パワーカップルとウィークカップル

前章では、夫婦の学歴に注目すると、同類婚（中学、高校、大学などで区分した学歴に関して、同じ水準の学校を卒業した人）の比率は減少しているが、まだ一番高いことがわかった。また、大学卒業者に関しては、結婚相手の大学名にこだわる人が少なからずいることもわかった。

さらに、同じ職業に就いている夫婦の率も高かった。男性から見るとまだしも、女性から見ると、とくに女性の専門・技術職において、夫も同じ職業というケースが目立った。専門・技術職に代表される、高水準の教育・職業同士の夫婦がいれば、当然のことながら低水準同士の夫婦もいる。夫婦の合計所得も、前者は高く後者は低いことが予想されよう。本章では、前者をパワーカップル、後者をウィークカップルと名付けて、その特色を検討する。

まず夫婦の所得の組み合わせを見ることで、パワーカップルとウィークカップルの存在を確認しておこう。

表3―1は夫婦共働き世帯において、aは夫の所得から見た妻の所得分布比率、bは妻の所得から見た夫の所得分布比率である。夫に注目すると、夫の年間所得が三〇〇万円未満であれば、妻の年間所得も二〇〇万円未満という割合が約七〇%を占めている。

表3―1a　共働き世帯における，夫の所得別にみる妻の所得比率

(%)

		妻年間所得（円）									
		100万未満	100～200万未満	200～300万未満	300～400万未満	400～500万未満	500～600万未満	600～700万未満	700～800万未満	800～1000万未満	1000万以上
夫年間所得（円）	100万未満	55.17	13.79	20.69	3.45		3.45			3.45	
	100～200万未満	19.57	52.17	10.87		2.17	4.35	4.35	4.35	2.17	
	200～300万未満	45.97	25.81	15.32	6.45	2.42	2.42		1.61		
	300～400万未満	37.65	20.00	15.29	15.29	4.71	4.12	0.59	1.18	1.18	
	400～500万未満	37.71	30.86	9.71	9.71	7.43	2.86	1.14			0.57
	500～600万未満	35.22	27.04	13.84	4.40	7.55	10.06		1.89		
	600～700万未満	37.06	19.58	16.78	7.69	6.99	2.80	7.69	0.70		0.70
	700～800万未満	37.68	26.09	8.70	8.70	4.35	5.80	5.07	2.90	0.72	
	800～1000万未満	41.25	22.50	8.75	7.50	6.88	1.88	5.63	2.50	2.50	0.63
	1000～1200万未満	50.00	16.67	10.00	1.67	6.67	1.67	8.33			5.00
	1200～1400万未満	50.00	13.64	13.64				18.18	4.55		
	1400～1600万未満	20.00	20.00	20.00		13.33	6.67	20.00			
	1600万以上	26.09	8.70	21.74		4.35	17.39		4.35	4.35	13.04

表3―1b　共働き世帯における，妻の所得別にみる夫の所得比率

(%)

		夫年間所得（円）									
		100万未満	100～200万未満	200～300万未満	300～400万未満	400～500万未満	500～600万未満	600～700万未満	700～800万未満	800～1000万未満	1000万以上
妻年間所得（円）	なし（専業主婦）	2.30	4.93	15.14	13.44	13.35	10.93	10.88	8.08	10.76	10.20
	100万未満	1.76	3.52	9.68	15.54	12.32	16.72	10.56	8.50	9.38	12.02
	100～200万未満	1.28	7.69	10.90	17.95	14.74	13.46	12.18	5.77	10.90	5.13
	200～300万未満	2.47	4.94	13.58	20.99	13.58	22.22	8.64	2.47	7.41	3.70
	300～400万未満	3.80		3.80	22.78	24.05	10.13	13.92	8.86	8.86	3.80
	400～500万未満		4.55	4.55	9.09	25.00	11.36	9.09	15.91	13.64	6.82
	500～600万未満	4.55			4.55	18.18	36.36	13.64	4.55		18.18
	600～700万未満		9.09	9.09				27.27	9.09	18.18	27.27
	700～800万未満			8.33		8.33	8.33	16.67	33.33		25.00
	800～1000万未満	16.67			16.67	33.33				16.67	16.67
	1000～1200万未満								50.00		50.00
	1200～1400万未満										
	1400～1600万未満										
	1600万以上										

注）共働き世帯は2018世帯（「働いている」と回答したうえで「所得なし」と回答したもの，「回答したくない」「わからない」と回答したものは除く）

ともに橘木科学研究費調査（2011）「幸福感分析に基づく格差社会是正政策と社会保障改革」より作成

つまり夫も妻も低所得という組み合わせが非常に多いことがわかる。

一方で夫の年間所得が一〇〇〇万円を超えている場合の妻の所得分布に注目すると、三〇〇万円未満が過半数を超えており多数派であるが、夫が低所得の場合に比べて、妻が六〇〇万円以上というケースも少なくないことがわかるだろう。こうした夫婦はパワーカップルとみなせる。とくに年間所得一六〇〇万円以上の夫では、妻の年間所得も一〇〇〇万円以上という夫婦が約一三%おり、パワーカップルの象徴とも言える。

妻の所得に立脚して夫の所得分布を示した図3―1bによると、パワーカップルのことがより鮮明にわかる。年間所得六〇〇万円以上の妻と結婚している夫の年間所得を見ると、一〇〇〇万円以上の比率が明らかに高い。

最後に専業主婦(すなわち妻の所得がゼロ)の夫の所得分布に注目しよう。これによると、夫の年間所得が二〇〇～三〇〇万円未満から一〇〇〇万円以上まで、八～一五%の間で散らばっていることがわかる。すなわち、専業主婦には夫の所得の低い人もいれば、高い人もいる。この表からも、第1章で論じた「夫の所得の高い女性は働かないことが多い」という「ダグラス・有沢の第二法則」が崩れつつあることを、間接的に認識することができる。

それでは、パワーカップルとウィークカップルの具体的な姿を見ていこう。

1　パワーカップル

本章冒頭で示したように、専門・技術職同士の夫婦こそ、日本におけるパワーカップルの代表格である。ただ、専門・技術職といっても多岐にわたるので、本書では、医師、法曹、研究者の三つの職種について、データを紹介したい。いずれも興味深いデータで、それぞれに個性があり、日本のパワーカップルの実像を鮮やかに見せてくれる。

女性医師の増加

橘木・森（2005, 2009）で示したように、年間所得一億円以上の人（正確には所得税納入額三〇〇〇万円以上の人）のうち、一五％は医師であった。日本では医師、とくに勤務医ではなく開業医が高所得であることはよく知られている。大学での修業期間が長く、かつ高い技能を蓄積している医師が高い所得を稼ぐことは理にかなっている。人の命にかかわる仕事であり、業務が高度で複雑なので、能力の高い人でないと就けない職業である。

本書のテーマに即して見ると、近年女性医師が増加している点に注目すべきである。五〇年前、医師全体で女性医師の占める比率は一〇%前後にすぎなかったが、現在では二〇%前後にまで増加している。また現在、医学部に在学する女子学生の比率は四〇%に達しようとしているから、将来的に女性医師の比率がもっと高くなることは間違いない。

なぜ医師を目指す女性が増えたのだろうか。まず、いまだ企業や役所など多くの職場において女性差別が残る日本ではあるが、医師という資格をもてば差別は少ないと予想できる。次に、医師は所得が高く、人々の尊敬を受け、やりがいのある仕事であり、目指す人が増加するのは自然である。一方で、橘木(2008)が示すように、中学校、高校において女子の学力が男子より伸びている。その結果、入試の難易度の高い医学部に合格する女性が増加したのである。

医師夫婦

本書の関心は夫婦についてであるから、医師がどういう相手と結婚しているかを調べ

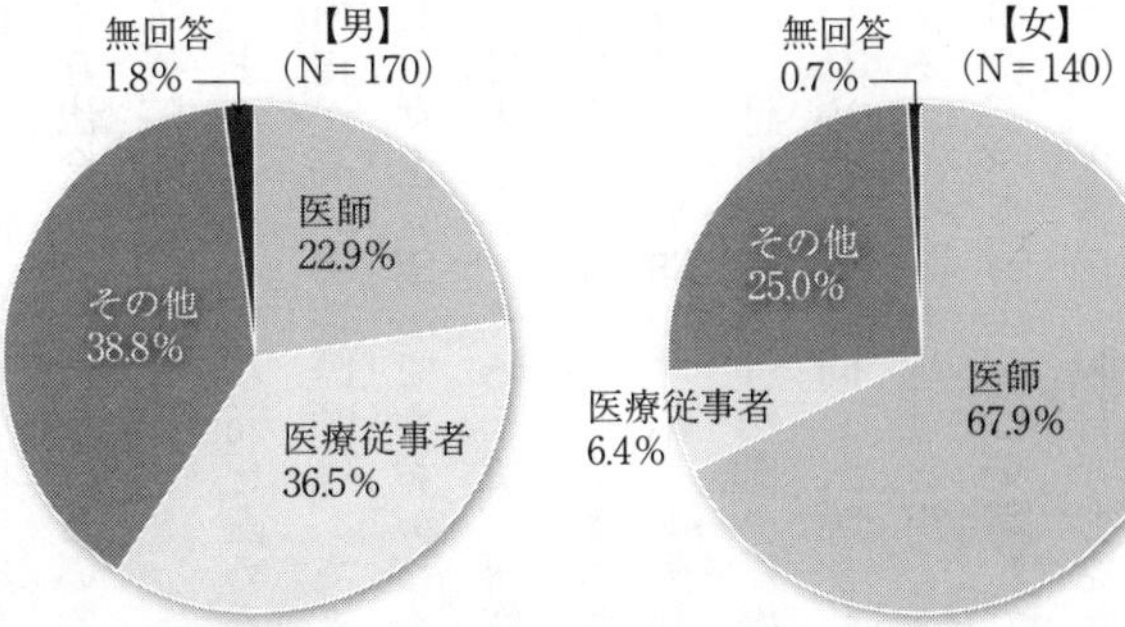

図3―1　医師の配偶者の職業
日経メディカルオンライン（2007）より作成

てみよう。日経メディカルオンライン（2007）による**図3―1**が有用である。これによると男性医師の二二・九％、女性医師の六七・九％が医師と結婚している。女性医師が男性医師と夫婦になっているケースが非常に多い。妻が専門・技術職であれば夫もそうである確率が高いことを前章で述べたが、専門職の代表である医師ならではと言えよう。男性医師が女性医師と結婚している比率が低いのは、そもそも女性医師の数が男性医師より少ないことが大きい。しかし忙しい男性医師としては、「妻まで忙しければ結婚生活が大変だ」という意識も働いているのではないか。

なお、男性医師の妻には医療従事者が三六・五％と多い。具体的には、看護士、医療技能職、薬剤師などである。男性医師は日頃こうした職業の女性と接する機会が多いから自然なことと言えよう。第2章で見たように、日本では職場が大きな出会いの場となっている。しかも夫婦がともに医療関係者であれば、夫婦で協力して病院を経営できるメリットもあると想像できる。

また、三八・八％を占める「その他」には、無業の女性が多いと想像できる。自らの所得が高い男性医師は、あえて妻の所得に期待する必要もないから、家事・育児にいそしむ女性を望んでもおかしくない。たしかに医師は学生時代が長く、学費や生活費の負担は大きい。くわえて、研修医時代は身分が不安定である。しかし、そもそも医学生には医師の子弟が多いため家庭に経済的余裕があり、研修医になればアルバイトでかなり稼げるとも聞く。総じて医師は経済的に困らないと考えてよいであろう。

女性医師が男性医師と結婚するケースが多いのは、大学や医療界で知り合う機会が多いためだろう。同じ医師としての仲間意識もあり、お互いの仕事や家庭生活を理解し合えるメリットを挙げる声も大きい。ちなみに両者とも医師の場合、家事・育児が大変なので、学生時代から交際している医師カップルの場合、妻のほうが比較的負担の軽い精神科、皮膚科、眼科などを希望することが多いとのことである。

一般に、女性の結婚相手として男性医師はたいへん人気がある。結婚紹介ビジネスにおいて、「男性医師は入会金無料」というケースが多いのは、その証拠と言えよう。当然のことながら、医師という職の安定性と高い所得が魅力の源泉である。医師の年収は、勤務医で平均一二二八万円、開業医で二五〇〇万円以上とされる（厚生労働省調べ）。手術や夜勤のため労働条件の厳しい勤務医と、比較的時間に余裕のある開業医との逆転現象は不合理と映るが、この点は医療界の改善策を待つしかあるまい。それは措くとして、要するに医師夫婦の合計所得は二〇〇〇～五〇〇〇万円に達するということだ。夫妻ともに評判のよい開業医、あるいはひとつの病院を夫婦で経営している開業医であれば、一億円を超えることも珍しくない。医師夫婦こそ、パワーカップル中のパワーカップルである。

法曹夫婦

法律の専門家、すなわち法曹には、裁判官、検察官、弁護士の三種類がある。旧司法試験合格者は一年半から二年、法科大学院を卒業し新司法試験を合格した場合は一年間の司法研修を受けて、三つのうちどれかの職に就く。長い学習期間と試験準備、さらに研修・修養期間、そして業務に求められる質の高さから、法曹は医師と同様に専門・技術職の代表とみなせよう。彼らの結婚、年収はどのようになっているのだろうか。

中村（2008）がこれらの興味に答えてくれる。日本女性法律家協会（女法協）に属する九九七名の女性（職業は弁護士、裁判官、検事、教員）と、日本弁護士連合会（日弁連）に属する五一八七名（男性三四〇〇名、女性一七八七名）の弁護士へのアンケート調査である。

図3―2は、日弁連に属する男女と、女法協に属する女性、それぞれの未婚・既婚の別と配偶者の仕事を示している。まず日弁連所属の男性弁護士について見ると、同じ弁護士の妻は六・六六％にとどまり、裁判官と検察官にいたっては〇・三二％、〇・一六％ときわめて少ない。三者を合計しても七％強にすぎない。無職の割合が非常に高く、つまり男性弁護士の妻は六割以上が専業主婦なのである。妻が会社員であるケースも三・三三％と非常に少ない。医師の場合と同じく、法曹の妻が少ないのは、法曹においても数のうえで男性が勝ることによるのだろう。

反対に、日弁連所属の女性弁護士と女法協に所属する女性法曹を見ると、男性弁護士のケースとまるで逆なことに気づくだろう。前者で約四七％、後者では約六二％の夫が法曹界で働いている。とくに弁護士が圧倒的多数である。これも女性医師が男性医師と

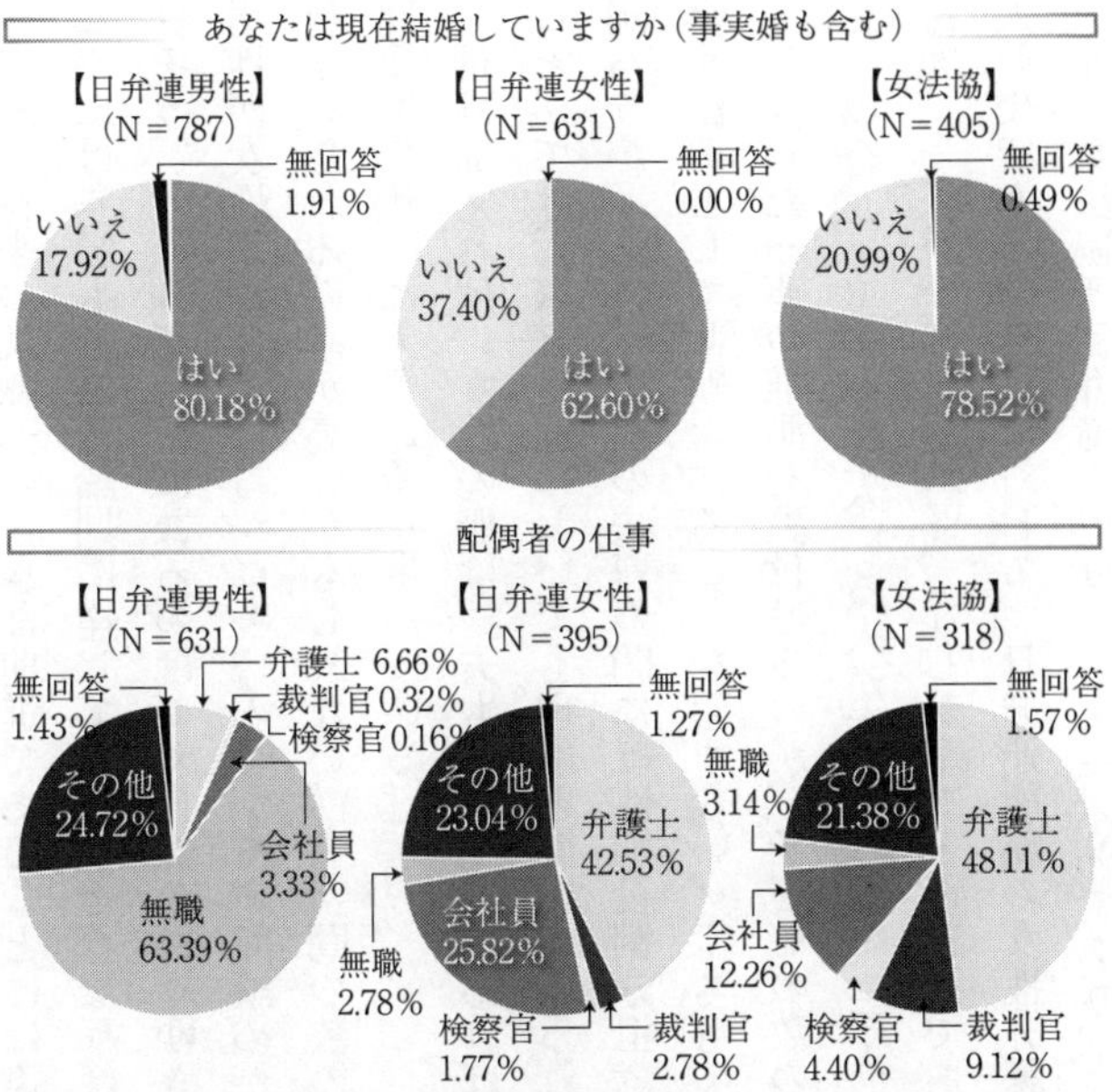

図3—2　法曹の結婚状況と配偶者の職業
中村（2008）より作成

結婚していることと同じ論理である。法曹界特有のことを付け加えるなら、司法研修所時代に知り合う機会が多いと指摘される。

司法試験に合格して、司法研修に入ったということは、将来の職と収入に見通しが立ったことを意味する。たしかに現在では、司法修習を終えても法曹職が見つからない人が二割ほどを占めるので、かつてのように確実に収入獲得の保障があるとは言えなくなった。それでも、将来の就職への大きな前進であることには違いない。くわえて、ちょうどそのころには年齢も結婚適齢期に達している。そうなれば、男女ともに結婚相手を本格的に探そう、という気持ちになるのはごく自然のなりゆきである。幸か不幸か、法曹界では男性が女性よりまだはるかに多いので、やや冗談めかして言えば、女性は狙った男性を射止められる確率が高いかもしれない。男女間の数のアンバランスが、法曹の夫と妻の同類婚の比率に大きな差を生んでいる。

付け加えれば、女性の側は、夫も同じ法曹であれば、共通の目的をもった人生を送ることができ、家庭生活においても理解と協力が得られると期待する向きが多いのではなかろうか。一方、男性の法曹の間には性別役割分担意識をもっている人が残っており、妻が法曹として共働きすることを望まないケースも多々あると想像する。

こうした一連の推測を裏付けるのが、子どもの数の差である。日弁連所属の男性弁護士の場合、子どもが四人いる人が三・九四%、三人が一五・五〇%、二人が三二・四〇%、一人が一五・八八%、なしが三二・一五%であり、子どもがいる場合の平均は二人前後である。それに対して、日弁連所属の女性弁護士の場合、子どもなしが六一・八一%、女法協所属弁護士では三一・三六%であり、いわゆるDINKS（共働きで子どものいない夫婦）がかなりの割合を占めている。また、子どもをもっても一人か二人にとどまることが多い。日弁連所属女性で一人が一九・三三％、二人が一四・九〇％、女法協所属女性で一人が二三・七〇％、二人が三一・一一％となっている。つまり、妻が法曹の場合、仕事の負担もあって、なかなか子どもをもつことも難しい。それを忌避する男性も多いのではないか。

最後に、法曹の所得について述べる。女性は年収五〇〇万円未満と一五〇〇万円以上の両極が合計で三六・七％、五〇〇～一〇〇〇万円未満が三五・六％、一〇〇〇～一五〇〇万円未満が二七・七％の分布となっている。ほかの職業に比べて高収入ではあるが、意外にそれほどではないという感想をもつ人が多いのではなかろうか。配偶者である男性の法曹は、それぞれ五一・四％、二五・三％、二三・三％である。所得が一〇〇〇万円未満の人に注目すると、女性が四五・四％、男性が三五・三％の比率なので、女性よりも男性のほうが平均所得でやや高いと推察できる。

法曹夫妻の合計所得は定かではない。ただ、単純に両者の合計額から考えれば、一〇〇〇万円前後を下限として、平均的な組み合わせで二〇〇〇万円程度、高収入の組み合わせで二五〇〇万円から三〇〇〇万円に達すると予想される。たしかに高収入夫婦と言うことができよう。しかし医師と比較すれば、一人当たりの所得額の差を反映して、かなり下回っている。

橘木・森（2005, 2009）が示したように、大企業の顧問弁護士やとくに有能な弁護士のなかには、年収一億円を超える人もわずかながらいる。とはいえ、先に述べたように、弁護士の報酬は業績給の側面が強く、有能な弁護士とそうでない人との間の所得格差が大きい。しかも弁護士の数は過剰気味と言われ、低所得に苦しむ弁護士も増えている。高所得を稼ぐのは、ごく一部の例外と言うべきだろう。ましてや、公務員である裁判官や検事は、特別職として一般の公務員より高給ではあるが、最高裁判所長官でも二〇〇九年時点で年収五一四一万円であり、一億円を超えるようなことはありえない。

以上から、法曹は医師ほどの高収入ではないものの、女性が同じ法曹界の男性と結婚するケースが多く、その場合は相当なパワーカップルを構成する、と言えるだろう。

研究者夫婦

最後に研究者について触れよう。研究者は、企業、研究所、大学などに属している。むろん、大学に属していれば教育も重要な仕事になるし、企業においてはどういう業務

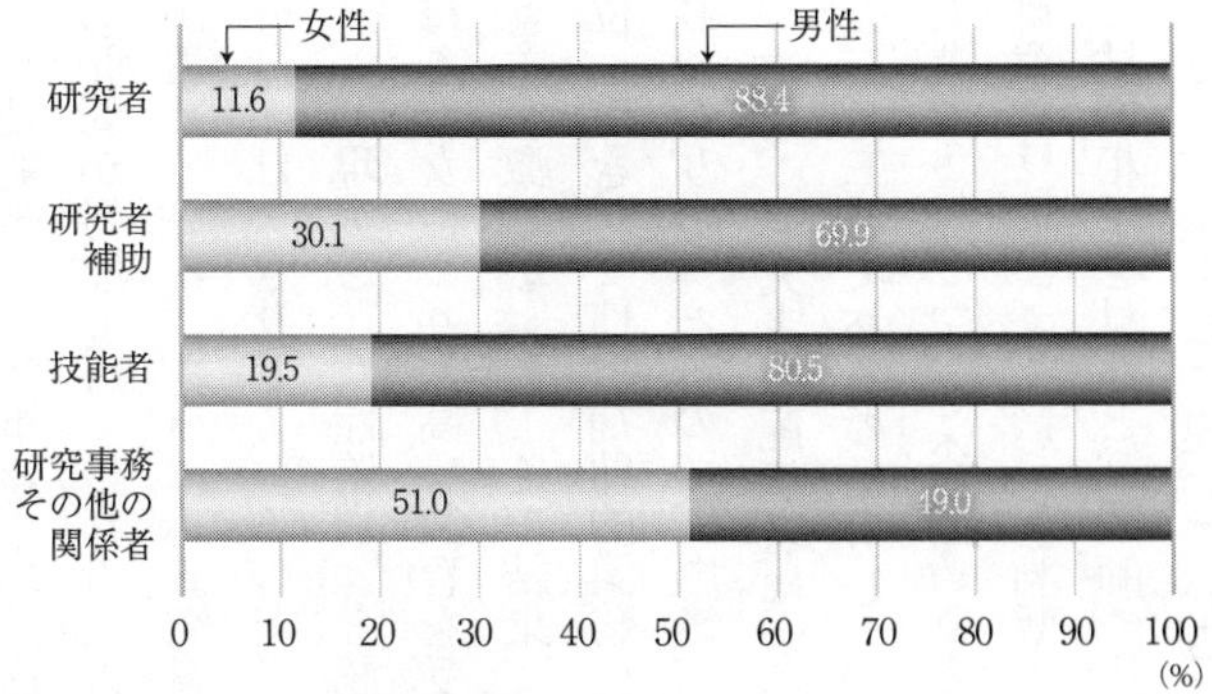

図3―3　男女別の研究者の身分，職務
『平成17年男女共同参画白書』より作成

を研究とみなすか、そう単純ではない。自分の意思で独自のテーマを研究する人が研究者の代表であろうが、各種統計では研究補助や広く技能職に就いている人も研究者のカテゴリーに入れられており、本書でも踏襲したい。

最初に研究者がどこに属しているかを男女別に見てみよう。実は、男女で所属先が大きく異なっている。女性の約六割が大学などに所属する一方、男性は約六割が企業で働いているのだ。企業に所属する女性は約三割、大学などに所属する男性が約三割となっている。所属先について、男女は正反対の性質をもっている。

さらに顕著に男女差が現れるのは、研究者としての業務内容である。図3―3では、いわゆる「研究者」について、(純粋な)研究者、研究補助者、技能者、研究事務やその他の関係者、の四種類に区別した。（純粋な）研究者の九〇％弱が男性で占められる一方、研究補助者では約三〇％、技能者では約二〇％を女性が占めている。さらに「研究事務その他の関係者」では、女性が半数に達しており、色分けがはっきりしているのだ。

この現実を「女性差別」と認識することもできよう。とはいえ主たる理由は、男性のほうが女性よりも高い教育を受けてきたからである。とくに大学院進学率に関して、男女差が激しかった。その結果、高い学識と研究意欲をもつ男性が研究における指導的地位に就き、女性は補助的業務に就かざるをえなかった。現在では女性の大学院進学率も高くなりつつあるので、今後、中核的研究者における女性の比率は高まると予想できる。

次に、研究者の配偶者について見てみよう（図3―4）。結婚している女性研究者が五三・三％であるのに対して、男性は八一・〇％に達している（ただし若い女性が多く含まれていることが未婚率の高さにつながっている点に注意したい。これだけをもって、女性研究者は結婚できない、と判断するのは早計だ）。

結婚相手を見ると、医師や法曹の場合と同様、女性研究者の夫も研究者というケースが多く、過半数に達している。反対に男性側から見ると、妻が研究者の割合は一〇・

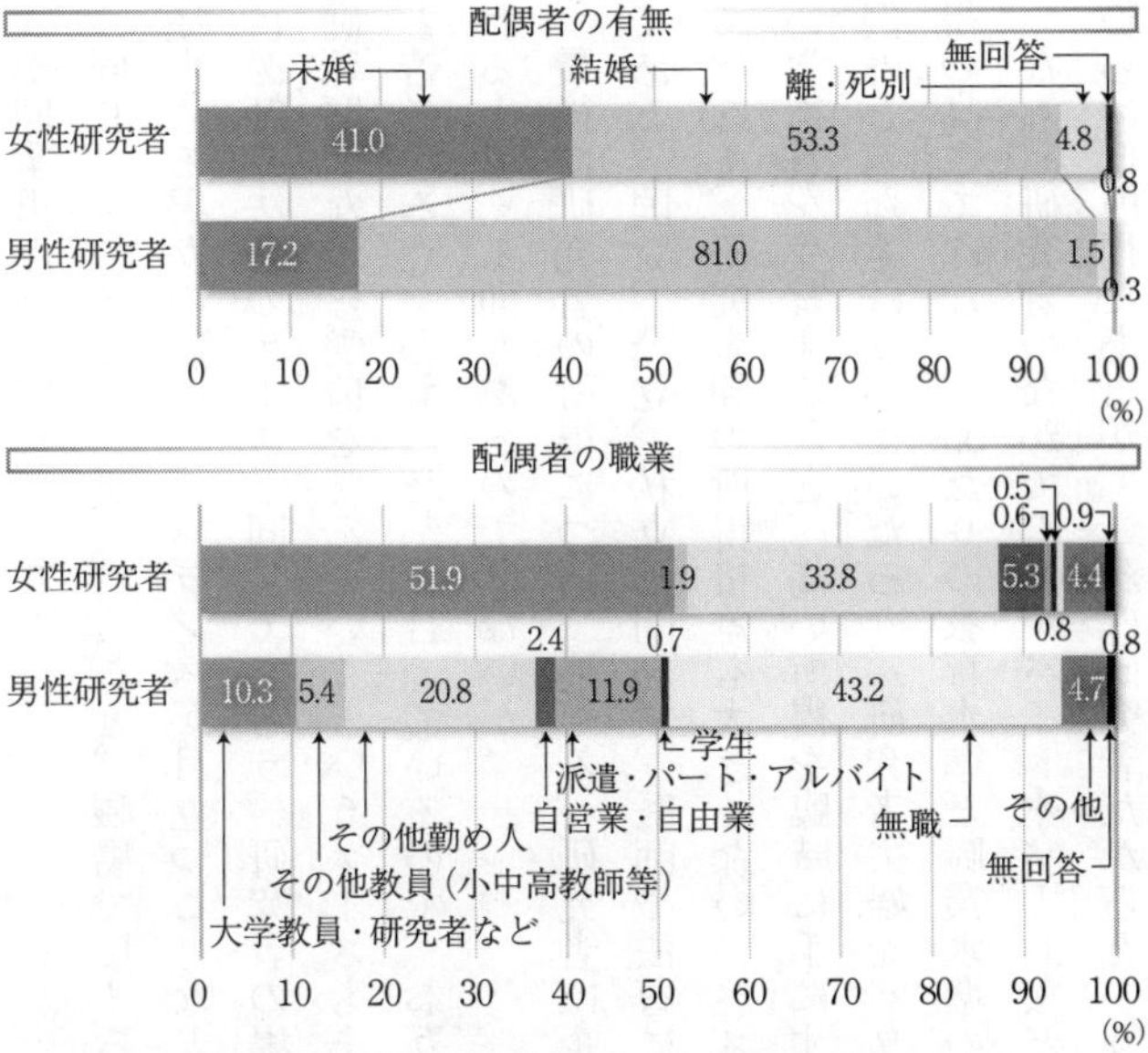

図３―４　研究者における配偶者の有無および配偶者の職業
文部科学省「平成13・14年度科学技術振興調整費科学技術政策提言プログラムによる調査結果」より作成

三％と少数にとどまるというのも、医師や法曹と同様である。

日本において研究水準トップにある東京大学と京都大学に属する女性研究者について見てみよう。それぞれの大学における女性教員へのアンケート結果である。ともに二〇〇八年の数字で、東大の女性教員の既婚者の五五・五％、京大の女性教員の既婚者の五一・九％が夫も研究者である。東大・京大の女性研究者も、過半数が同業男性と結婚しているのだ。

同じ大学で学んだり研究すること、職場で接する機会が多いこと、それぞれの職種に従事する男女の数にアンバランスが目立つことなど、研究者同士が結婚する理由はまさに医師や法曹のケースと同じであろう。研究者の場合は、同じ研究テーマをめぐって切磋琢磨しながら愛情を育んでいくというケースもあるだろう。研究者という職業の魅力と苦労する点をともにわかり合っているので、お互いに理解し協力し合う結婚生活が送れると考える面もあるのではないか。

最後に研究者の所得について述べる。研究者は企業や大学に属している人がほとんどである。国立、公立、私立を問わず、医師や法曹に比べるとその平均賃金は特別に高額ではなく、研究者間の所得格差も大きくない。ベストセラーを出版するとか、賞金の高い学術賞を受賞するなど、高い所得を臨時に手にするケースもなくはないであろうが、例外とみなすほうがよいだろう。研究者夫婦をパワーカップルとみなす理由は、夫婦所得の高さではなく、ふたりの教育水準と職業水準の高さにある。

なお、研究者のなかでもアルバイトやパートなど非正規で働いている人たちがいる。彼らは低所得であるが、これは研究者だからという理由ではなく、雇用形態によるものである。つまり研究者の所得については、雇用者が多いので雇用形態の差が影響しているのである。

管理職夫婦という可能性

さて、ここまでパワーカップルの担い手の代表として、専門・技術職に注目してきた。しかし、高所得の代表はもうひとつある。それは管理職である。

前章の**表2―5**（七七頁）を見返してほしい。夫が管理職の場合、妻の職業でもっとも比率が高いのは事務職の二六・〇％であり、妻が同じ管理職というのは一二・二％にすぎない。専門・技術職のケースと比べても、いっそう割合が低いことがわかる。男性に比べ、管理職や経営者になる女性の数が非常に少ない日本の実態を映し出している。日本の企業、とくに大企業では、女性が課長、部長といった管理職に昇進する例がいまだに少なく、経営者に至ってはゼロに近いのが実情である。

その結果、管理職同士、経営者同士の夫妻はかなりの少数派となっている。しかし橘木・森（2005, 2009）で示したように、医師と並ぶ、日本の富裕層の代表は経営者である。たとえ夫一人の稼ぎだけであっても、かなりの高所得であることは間違いない。くわえて、今後は女性がいっそう企業で活躍するようになることが予想される。その結果、徐々に管理職同士、経営者同士の夫妻も増えていくだろう。現在は医師同士の夫妻こそ、日本を代表するパワーカップルと言えようが、これからは管理職同士、経営者同士の夫妻がその座を脅かすかもしれない。

アメリカの例

さて、ここまでわが国のパワーカップルの例を見てきたが、海外はどうなのだろうか。ここではアメリカのIT産業に続出している、強烈なパワーカップルを紹介したい。前にも述べたように、日本はアメリカの社会情勢を追う傾向にあるので、日本の未来図とも言えるかもしれない。

SNS(ソーシャル・ネット・ワーキングサービス)の代表格であるFacebookを創業したマイケル・ザッカーバーグは二〇一二年五月に結婚した。そのお相手は、プリシラ・チャン。マスメディアで「世界でもっとも幸福な女性」と評された彼女はどのような人物なのだろうか。実は、ハーバード大学を卒業し、カリフォルニア大学サンフランシスコ校のメディカルスクールで医学博士号を取得した才女である。ザッカーバーグと結婚した後も玉の輿を楽しむのではなく、小児科医として働くと報じられた。

ほかにも、マイクロソフト社で電子百科事典の走りである「エンカルタ」や旅行予約サービス「エクスペディア」の開発をしたメリンダ・ゲイツは、マイクロソフトを創業し会長を務めているビル・ゲイツの妻である。また、イェール大学で生物学を修め、バイオテクノロジーの会社を共同経営しているアン・ウォジツキは、グーグル共同創業者のセルゲイ・ブリンの妻である。

ちなみに、世界一のパワーカップルはどのような夫婦なのだろうか。二〇一一年版のギネスブックには、アーティスト夫婦であるビヨンセとJAY-Zが掲載されている。一年間の収入は一億二二〇〇万ドル（約一〇〇億円）にものぼるという。スケールの大きな話だが、日本にこうした桁違いのパワーカップルが登場する日も遠くないかもしれない。

2　ウィークカップル

貧困者は誰か

前節では、高所得者同士の夫婦、「パワーカップル」について、その実態を見た。今度は逆に低所得者同士の夫婦、「ウィークカップル」を見ていきたい。とりわけ、低所得のなかでもっとも深刻な状態である「貧困」に陥った夫婦について中心的に論じる。夫婦間の格差をテーマにする本書にとっては、世帯類型別や年齢階級別に見た貧困率が重要となる。表3―2は、二〇〇一年の数値を最新のデータとしているのでやや古いが、どういう家庭が貧困で苦しんでいるかは、現在でも同じである（最近の統計における「個票」が利用可能ではないため、少し古いデータになることを理解いただきたい）。なお、ここでいう寄与率とは、貧困世帯全体のうち、それぞれの世帯累計が何パーセントを占めているか、を意味している。

さて、世帯のタイプごとの違いに注目していこう。まず、高齢者単身世帯を含めた単身世帯の寄与率が二〇〇一年の数字で合計四一・一％であり、全世帯のうちもっとも高

表3—2　世帯類型別，年齢階級別の貧困率に対する寄与率

（%）

	貧困率に対する寄与率		
世帯類型	1995年	2001年	寄与率の変化
核家族（子ども3人以上世帯）	4.3	2.1	−2.2
核家族（子ども2人世帯）	7.9	5.9	−2.0
核家族（子ども1人世帯）	10.6	7.4	−3.2
核家族（子ども0人世帯）	8.2	8.5	+0.3
単身世帯（高齢者世帯除く）	12.4	20.2	+7.8
高齢者2人以上世帯	12.6	11.6	−1.0
高齢者単身世帯	21.2	20.9	−0.2
母子世帯	4.6	4.7	+0.1
三世代世帯	7.3	5.6	−1.7
その他の世帯	10.9	13.0	+2.1
世帯主の年齢階層			
29歳以下	9.6	11.5	+1.9
30〜39歳	8.6	8.7	+0.1
40〜49歳	16.8	10.6	−6.2
50〜54歳	6.9	8.3	+1.4
55〜59歳	7.3	7.5	+0.3
60〜64歳	11.3	9.9	−1.4
65〜69歳	10.1	12.0	+1.9
70歳以上	29.3	31.5	+2.2

橘木・浦川（2006）より作成

い。これに母子世帯を加えると、四五・八％となる。つまり、一人で家計を支えるしかない世帯が、日本の貧困者の半数近くを占めている。

なぜ一人稼得者の世帯に貧困者が多いのか。その理由は、橘木・浦川（2006）、白波瀬（2010）などで詳しく検討されている。高齢単身者の場合は、年金給付額が少ないこと、医療・介護保険制度の不十分さが理由である。若者を中心とした勤労世代や母子世帯の場合は、失業者であることや、たとえ働いていても低賃金であること、そして非正規労働者の増加、子育て支援策の不十分さなどが理由となっている。本書の主要関心は夫婦にあるので、単身者や母子家庭についてこれ以上言及しないが、これらの貧困理由の多くは、低所得、貧困で苦しんでいる夫婦にも当てはまる。

それでは、本書の注目する「夫婦」を見てみよう。夫婦は核家族、高齢者二人以上世帯、三世代世帯の三つに区分されている。高齢者二人以上世帯の寄与率は一一・六％とかなり高い。これはすでに述べた、高齢者特有の要因による。

それに続くのが核家族である。核家族とは、夫婦二人だけか、夫婦二人と子どもからなる世帯である。子どもの数によって寄与率が異なっている。日本には「貧乏人の子だくさん」という言葉があるが、寄与率を見ると、実際は逆のようだ。子ども0人世帯がもっとも高く、子どもの数が増加すると減少している。子どもの数が多いと寄与率が減少するのは、子どもの養育費のために夫婦共働きとなる割合が増加するし、夫婦の年齢も子どもが少ない場合よりもやや上になるため、所得も高くなるから、と筆者は想像する。

また、三世代世帯の寄与率が低いことは、老親の世話や介護のために中年の現役世代が同居しているケースが多く、現役世代の所得が低くないこと、同居する老親の所得や年金が家計所得に貢献していることで説明できる。

核家族の貧困については、核家族の寄与率はそれぞれ一〇％未満なので、一見するとその深刻さは顕著ではない。しかし、年齢別に見たときに重要な事実が現れる。二十九歳以下の若年層の寄与率が一一・五％と六十五歳以上の高齢者に次いで高く、若い世代における貧困の深刻さがわかる。これは、若い世代の失業率の高さがひとつの原因である。現代では若者が経済困窮者の代表となっている。

非正規労働と結婚

若者が経済的困窮に陥った背景には、失業率が高くなっていることに加えて、日本の労働市場の変化がある。すなわち、正規労働者の数が相対的に減少し、一方でパート労働、アルバイト、雇用期間つき就業、派遣労働者といった非正規労働者が相対的に増加したことである。

「労働力調査」によって、全労働者における非正規労働者の割合を、男女別に見てみよう。一九九〇年から二〇一一年までの約二〇年の間に、男性は八・七%から二〇・一%へ、女性は三七・九%から五四・五%へと、大きく増加した。十五歳から二十四歳の若者はさらに深刻だ。男女ともに五〇%前後から七〇%前後にまで増加している。二十五歳から三十四歳を見ても、男性で約五%から約一五%、女性で約三〇%から約四〇%と、一〇ポイント増加している。

なぜこれだけ増加したのか。経済の低成長期に入って、企業は労働費の節約を図る必要があった。賃金の低い非正規労働者はこれに寄与する。たとえば、企業の売上高や利潤が激減したとき、非正規労働者は解雇や雇用期間終了後に再雇用をしないといった「人減らし」の対象としやすいからである。また、多くの非正規労働者は社会保険制度に加入しないので、保険料の雇用主負担分を節約できるし、ボーナスのないことが多い。

一方、働く側の事情としては、働き方の多様性を求める声が高まったことが挙げられよ

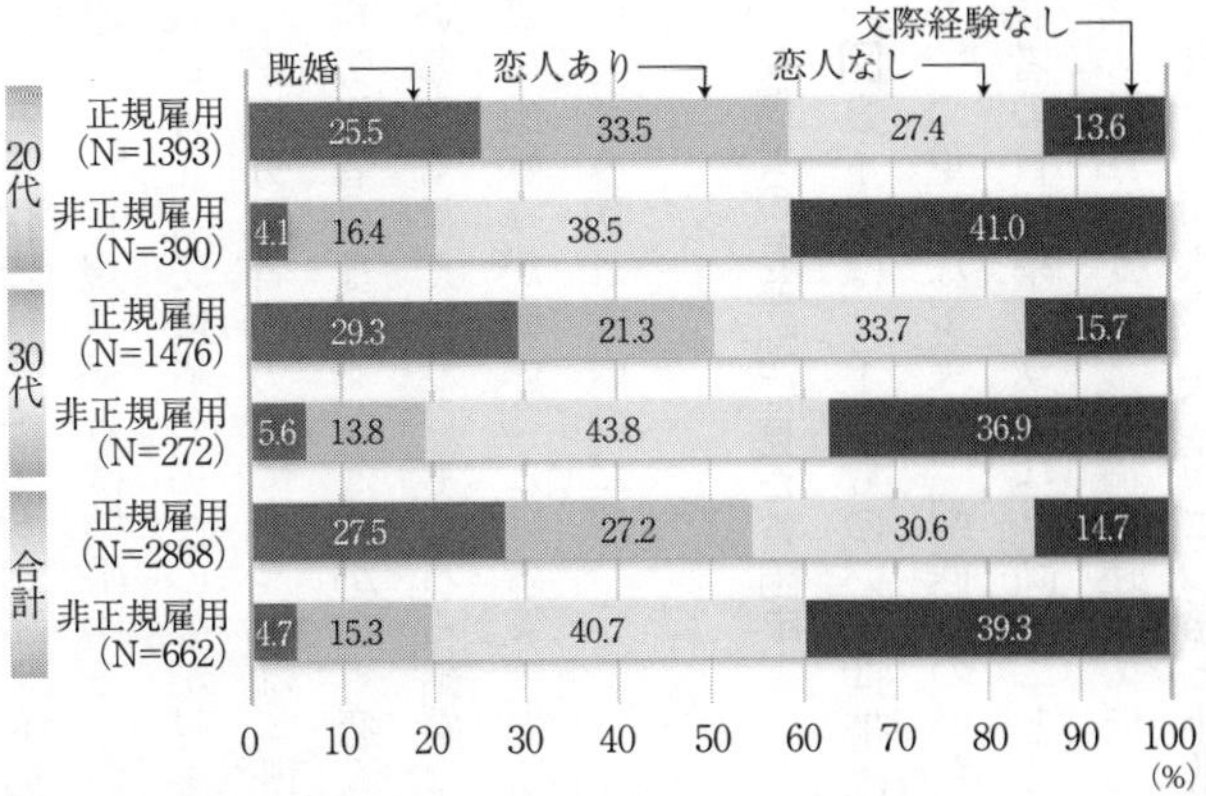

図3―5　男性の雇用形態別の婚姻・交際状況
内閣府「結婚・家族形成に関する調査」(2011) より作成

う。子育て中の既婚女性や高齢者を中心に、フルタイムで働くよりも、短時間労働を好む人が増加したし、労働以外に価値を求める人も増加した。

ここでは、正規労働者と非正規労働者の間で婚姻率や恋人の有無に差があるのかどうかを調べておこう(図3―5)。実は、女性については両者に大きな差がない。第2章でも見たように、男性は女性の経済力をあまり重視しないこと、また結婚により退職する女性がいまだ少なくないこともその要因だろう。よって、ここでは男性に絞って検証する。男性の場合、年齢が高くなるにつれて、正規労働者と非正規労働者の間で、婚姻率の差が拡大している。二十代男性では二一・四ポイント、三十代では二三・七ポイントの格差である。年をとるとともに、非正規労働者は結婚せず、正規労働者は結婚するという格差が現れている。経済的に苦しいから結婚できない非正規労働者の男性の姿が見える（このことは第4章でも検討する）。

正規労働者の男性にあっては「既婚」と「恋人あり」がともに二五％以上なので、正規労働者になれるかどうかが、恋人をもてるか、そして結婚できるかの分岐点になっているとも言えよう。もちろん結婚は種々の条件に左右されるが、所得の低い非正規労働者の婚姻率が低いことは事実である。結婚には雇用の安定が見込めて収入がある程度ないと踏み切れないのだ。

配偶者の有無別に見た貧困率

図3―6は、子どものいる世帯に関する白波瀬（2010）の貴重な分析結果である。ここでの重要な事実は、配偶者のいない、いわゆる父子家庭や母子家庭の貧困率は、有配偶者の貧困率よりかなり高いことである。とくに母子家庭で深刻であり、女性の有配偶者の約四倍から一二倍に達している。とくに二十代と三十代の若い母子家庭の貧困率は、それぞれ約八〇％、約七〇％と非常に高い。父子家庭の貧困率も有配偶の男性よりも高

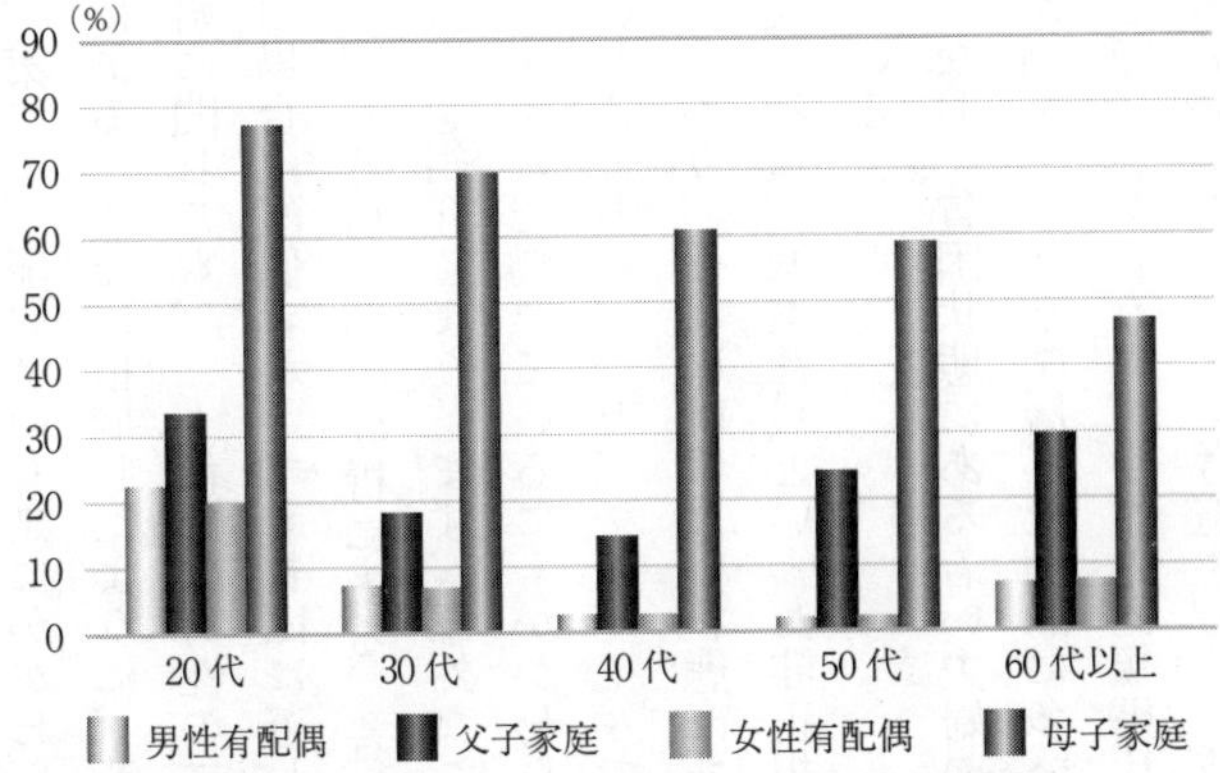

図3—6　配偶者の有無別に見た，子どものいる世帯の貧困率
白波瀬（2010）より作成

いが、母子家庭の貧困率と比べれば三分の一から二分の一程度であり、母子家庭の深刻さが際だっている。

この図から読みとれるメッセージをまとめておこう。

第一に、すべての年代について、一人親世帯（父子世帯と母子世帯）の貧困率は、結婚を続けている夫婦（すなわち男性有配偶と女性有配偶）よりも高い。裏を返せば、すべての年代について、結婚生活を続けていると貧困者になる確率が高まらない。二人いればどちらかが働ける確率が高いし、もし二人が働けば夫婦合算の家計所得は高まる。あえて言うならば、貧困に陥りたくないのなら、結婚生活を続けることを、筆者は勧めたい。

第二に、配偶者の有無にかかわらず、二十代や三十代の若い年代の貧困率が高い傾向にある。すでに指摘したように、若い母子家庭の貧困率は非常に深刻であるが、若い夫婦に関しても、二十代では男性の二六%、女性の約二〇%が貧困状態にある。若い世代の場合は配偶者がいても貧困に苦しむ夫婦が少なくないのだ。

同じく白波瀬の分析による、若年（十代、二十代前半）で既婚の貧困者に関する就労状況を紹介しよう。まず、意外なことに男性の四分の三はフルタイムで働いている。フルタイムで働いているにもかかわらず貧困にあえいでいるのは、彼らの賃金が非常に低いためである。一方、フルタイムで働いている女性はごくわずかで、無業が八〇%を超えており、仕事に就けない状態にあることがわかる。そのほか、パート、アルバイト、契約社員、派遣社員といった非正規労働者の比率も男性約一七%、女性一〇%強となっている。

なお、貧困状態にある若い夫婦の学歴に注目すると、男性の一七%が中卒、三分の二が高卒で、低学歴層が圧倒的に多い。女性も中卒一五%、高卒六八%と同様である。第2章で見たように、学歴の同類婚比率は低下傾向にあるとは言え、まだ四〇%前後と最多数派にあることを考慮すると、彼ら夫婦の多くの教育水準は中卒か高卒同士で占められている。ともに低学歴かつ低収入で貧困にあえぐ若年夫婦――現在のウィークカップルの典型例とは、このような夫婦であると結論づけられる。

第4章　結婚できない人たち

1　めぐり会えない

生涯未婚率の上昇

日本は長い間、「皆婚社会」と言われてきた。ほとんどの男女が結婚するのが「皆婚社会」である。しかし近年、生涯に一度も結婚しない人の数が増加し、将来も増加し続けると予想されている。

図4―1は生涯未婚率の推移である（生涯未婚率とは、五十歳時の未婚率を指す）。一九八〇年時点で男性二・六％、女性四・四％であった生涯未婚率は、二〇一〇年時点では男性二〇・一％、女性一〇・六％にまで高まっている。将来の生涯未婚率の推計は難しいが、たとえば国立社会保障・人口問題研究所は二〇三〇年の単身世帯が全世帯の三七・四％と推計しており、二〇〇五年の二九・五％からの上昇を予測している。このことを考慮すると、生涯未婚率も増加するものと予想できる。

一九八〇年において女性のほうが男性より生涯未婚率が高かった理由は、第二次世界大戦で若い兵士（男性）が多く死亡して、適齢期の男性が女性より少なかったからだ。

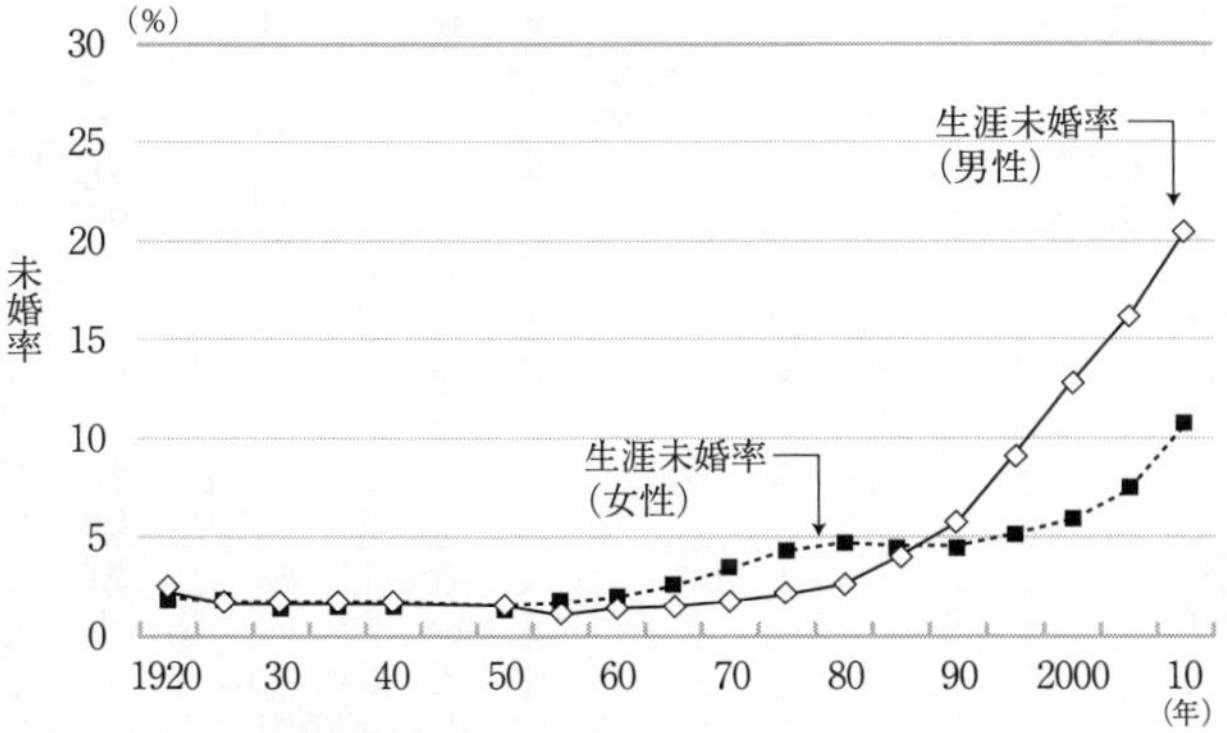

図4―1　生涯未婚率の推移
総務省統計局「国勢調査」より作成

逆に、二〇一〇年時点で男性の生涯未婚率が女性よりも二倍近く高くなった理由は次の三つである。第一に、出生数において男性のほうが女性よりもやや多い。第二に、男性の初婚年齢は女性の初婚年齢よりやや上である。少子化が進展しているため、適齢期の男性は適齢期の女性より数が多くなってしまう。第三に、男性は一度離婚しても後に再婚することが多く、近年ではその傾向が強まっている。しかも男性で再婚する人は、女性の未婚者と結婚することが多い。つまり一人の男性が複数の女性未婚者と結婚する結果、あぶれる男性が生まれるのである。

結婚できない理由

国立社会保障・人口問題研究所による「結婚と

出産に関する全国調査」によると、一九八七年では未婚男性の九一・八％、未婚女性の九二・九％が「いずれ結婚するつもり」だと回答していた。二〇一〇年には、それぞれ八六・三％と八九・四％となっている。たしかにある程度低下はしているが、それでも今なお九割弱の男女が結婚の意思をもっていることを重視すべきだろう。

しかし、現実には結婚しない人が増えている。本書のテーマは夫婦間の格差であるが、結婚したいのに結婚できないのだとすれば、それは格差以前の問題、言うなれば最大の弱者とも考えうる。本章で未婚について扱う理由はここである。

結婚したいのにできない。この「矛盾」を議論するには、結婚しない人を次の二つのグループに大別する必要があるだろう。それは、（1）将来的に結婚する意思はあっても現時点では結婚しない人、（2）現在結婚を望んでいるが何らかの理由で結婚できない人、の二種類である。

第一のグループにどういう人が該当するか。まだ若いから結婚よりも学業や仕事に打ち込んでいる人、現時点では独身で不便はなく自由な生活を大切にしたい、結婚に切実感がない人、などである。こういう人たちは、いつかは真剣に結婚を考えて婚活（結婚相手を探す活動）をして結婚に至るだろうから、ここで議論をする必要性はない。もち

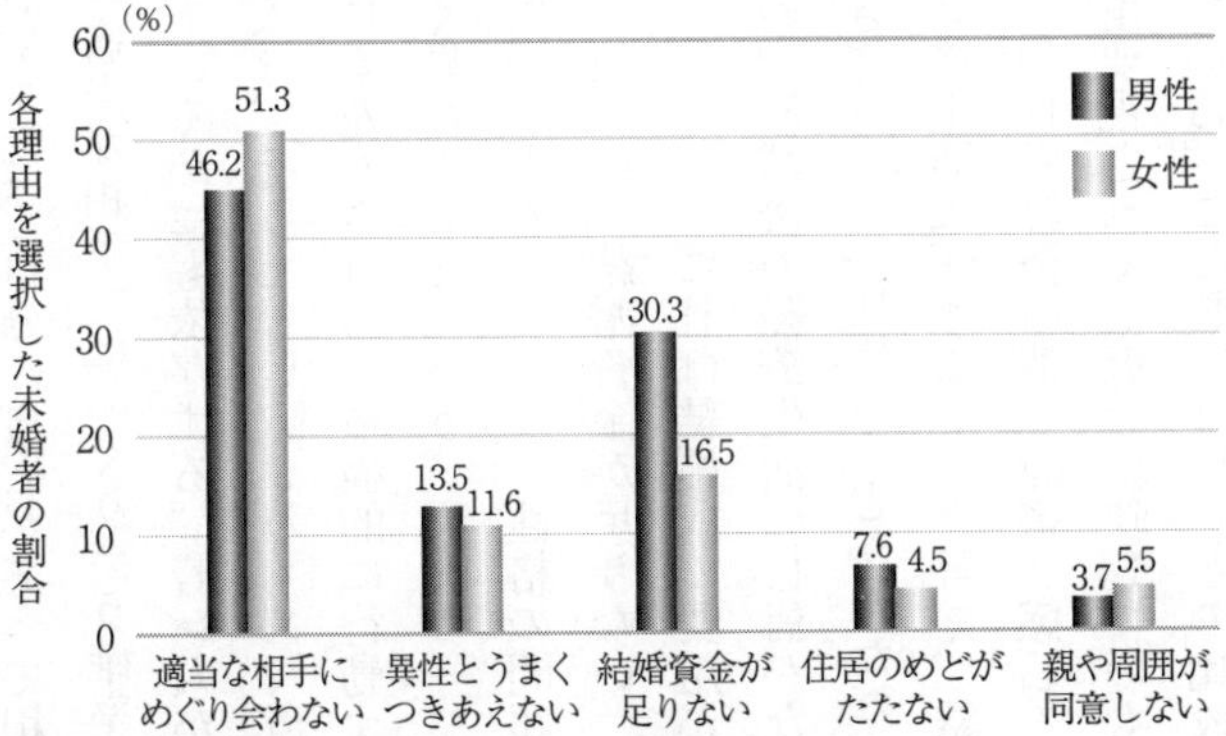

図4—2　結婚できない理由

注）25〜34歳の未婚者が対象.
設問「あなたが現在独身でいる理由は，次の中から選ぶとすればどれですか．ご自分に最もあてはまると思われる理由を最高三つまで選んで，右の回答欄に番号を記入してください」
国立社会保障・人口問題研究所「第14回出生動向基本調査」（2010）より作成

ろん、いざ婚活をしたところ、後者の状況に陥るかもしれない。いずれにしても考えるべきは、第二のグループのほうである。

図4―2は、二十五〜三十四歳の未婚者が独身にとどまっている理由を男女別に示しているが、いくつか興味深い事実がわかる。まず、男女ともに「適当な相手にめぐり会わない」という理由が、ほかを圧倒してトップである。日本人の男女が結婚できない最大の理由は、マッチングがうまくいっていない、ということである。

しかし、そもそも何を基準にして「めぐり会わない」と答えているのだろうか。

たとえば、自分に自信があって相手に対する要望が多い人は、要望の少ない人よりも、「適当な相手」にめぐり会う確率は低くなる。さらに、その人がどういう環境で生活しているかにも依存する。若い人が多く、かつ男女比が適当な学校、職場で生活している人は、そうでない人よりもめぐり会う確率が高くなるはずだ。くわえて、その人の性格にも左右される。積極的に行動する人と消極的で恥じらい気味の人とでは、確率も大きく異なることだろう。男性の一三・五％、女性の一一・六％が「異性とうまくつきあえない」と答えており、性格の問題がここで明らかになっている。

第二に「結婚資金が足りない」という理由が、男性三〇・三％、女性一六・五％となっている。これは結婚式の費用がない、といった狭い意味だけではなく、収入が少ないので結婚後の経済生活に自信がない、といった結婚生活全体への経済的不安と解釈すべきである。「住居のめどがたたない」という項目も掲げられているが、これも結婚後の経済生活に関するものと言え、結婚に際して経済事情が障害となっている。

男性が経済事情を障害と感じる比率は女性よりも高い。結婚生活には男性の経済力が重要視される実態を反映してのものであろう。なお、女性の比率は男性の半分強となっている。この数字は男性との比較から「低い」と見ることもできるが、筆者は必ずしも無視できない数字と考える。その理由は、以下のことが想像として読みとれるからである。まず、女性が結婚相手の男性の収入を気にかけているのではないか、ということである。次に、もし将来の夫の収入が「低い」のであれば、自分も働いて家計所得を増加させたいと希望する（ダグラス・有沢の第二法則）女性も一定いるのではないか。しかし、この法則は第1章で見たように消滅しつつある。

第三に、「親や周囲が同意しない」という回答の少なさである。そうした制約は非常に弱いことがわかる。「結婚は家と家の結びつき」という意識の強かった戦前や戦後しばらくの時代と異なり、現在では親や親族が結婚に口出しする風潮が薄れたことを意味している。結婚は一組の男女の自由な意思に基づいて成就する時代になっている。

交際相手もいない未婚者たち

未婚者の男女ともに、結婚できないのは「適当な相手にめぐり会わない」という理由が最大であった。そもそも結婚について考える前提として、彼らは異性との交際を望んでいるのだろうか。図4—3は「異性の交際相手をもたない未婚者の割合」と「交際の希望があるかどうか」を、性別・年齢別に示している。

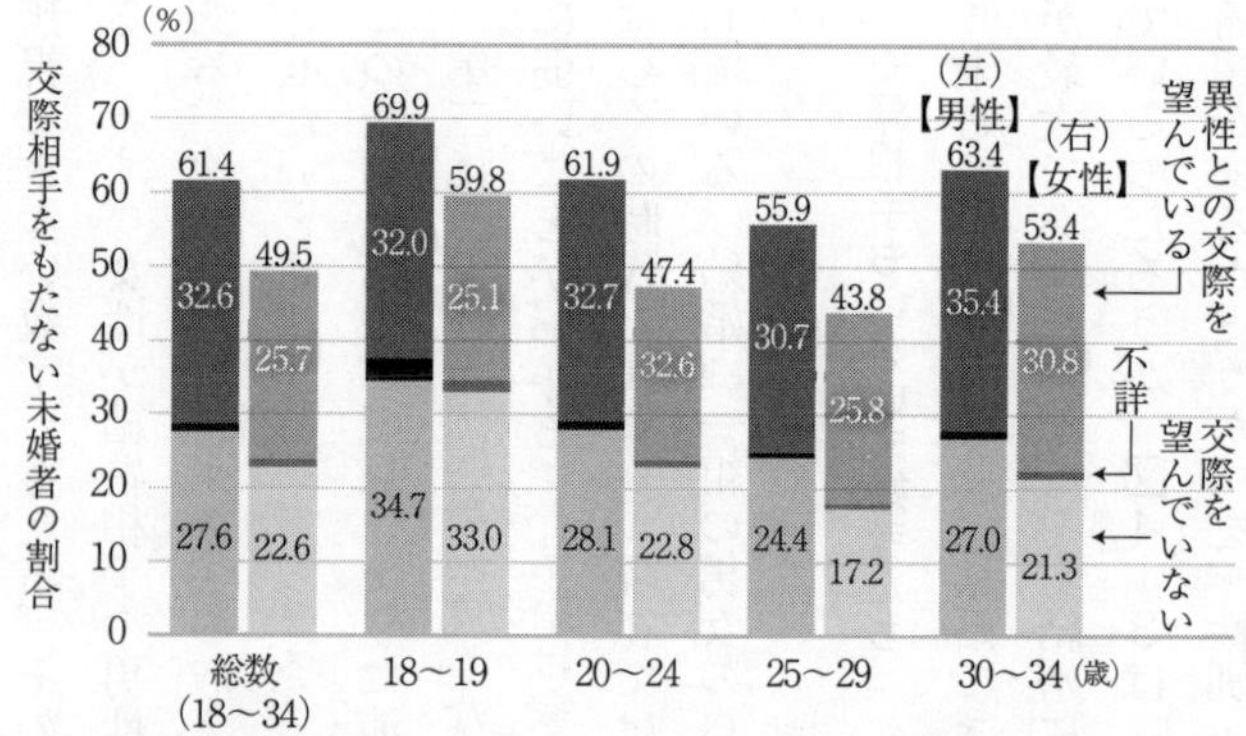

図4—3　年齢別にみた，交際相手をもたない未婚者の割合と交際の希望

注）18〜 34 歳の未婚者が対象．異性の交際相手（婚約者，異性の恋人，異性の友人）をもたない未婚者の割合．

設問「あなたには現在，交際している異性がいますか」において交際している異性がいない場合，「異性との交際の希望」を聞いた．

国立社会保障・人口問題研究所「第 14 回出生動向基本調査 独身者編」(2010) より作成

二〇〇五年の時点では未婚者男性全体（十八歳から三十四歳）で五二・二％に交際相手がいなかった。図に示したように、二〇一〇年ではそれが六一・四％に上昇し、女性でも四四・七％から四九・五％へ上昇している。先ほどのデータを踏まえると、めぐり会いがいっそう困難になっていることが予想される。

総じて女性のほうが男性よりも異性の交際相手をもつ割合が多い理由は、二つ考えられる。ひとつは年上の男性と年下の女性が交際、ひいては結婚するケースが多いこと。もうひとつは、本章冒頭で再婚する男性について述べたのと同じように、人気のある男性が複数の女性と交際するケースが多く、男性があぶれてしまうためである。

一方、異性との交際を望む比率に男女差は現れない。総数で見れば、男女ともに、交際相手をもたない未婚者のうち半数強が交際を望んでいる。ともに年代が上がるにつれて、交際を希望する者の率が上がっている点も共通している。両者がうまくマッチすれば交際相手は見つけられることを意味しており、好ましい状況にある（女性のほうが交際相手のいる割合が高いので、少々男性が余ってしまうが）。

交際相手のいない人の比率も年齢に応じて、男女ともに同じパターンを示している。二十五〜二十九歳までは、年齢が上がるにつれて、率が下降している。しかし三十〜三十四歳になると率が上昇に転じる。要するに、こういうことだ。そろそろ結婚を意識する二十代になると交際する人が増加する。しかし三十歳を過ぎても未婚のままでいると、今度は男女交際の可能性が低下してしまう。二十代のうちに結婚相手を見つけられた人たちが去り、取り残された三十代の未婚者は交際相手をなかなかもてない、という厳しい現実が見えてくる。

職場結婚の衰退

第2章において、日本人は結婚相手をどこで見つけるかを検証した。そこで近年、職場で知り合う機会が低下していることを述べた。第3章で挙げた専門・技術職の人々は女性の進出もあって、職場で知り合う機会が増加し、パワーカップルを形成していることを述べたが、それ以外の人々について、ここでは注目する（職場結婚の盛衰については、岩澤〔2010〕のすぐれた分析を参考とした）。

一九五〇年代から八〇年代、すなわち高度成長期および安定成長期の日本企業では社縁意識が強く、男女が配偶者を見つける場として企業が機能していた（社縁についての詳細な説明は橘木〔2010〕参照）。しかしその後の低成長時代に入ると雇用形態、労使関係や労働者間の人間関係が変化した。

かつては正規雇用者が多く、職場内の結びつきも強かった。大企業であれば、大卒総合職の男性と短大卒あるいは高卒の一般職女性が結びつくことが多かった。商社では、「オフィスの机のまわり数メートル内の男女が親しくなる」といったことが語られた。「寿退社」という言葉も生まれた。このことはホワイトカラーに限らず、工場で働くブルーカラー労働者の男女においても成立していた。また、企業内でのスポーツ活動や文化サークルなど、独身者同士の出会いの場もあった。

しかし低成長時代に入ると、一般職の女性が従事していた補助業務は外注されるか派遣社員が担当するようになった。あるいはパート、アルバイトといった非正規労働者に代替された。非正規労働者は長く勤めるわけではないので、出会いが生まれにくい。さらにＩＴ革命の進行により、補助事務そのものの仕事量が減少した。工場においては、女性が働く割合が低下して、男性中心の職場になった。かつての工場では、細かな手作業に女性が従事していた。しかしオートメーション化が普及したことで、そうした労働需要が減少した。一方で体力の必要な作業は残ったため、男性の仕事は減らなかったのである。その結果、女性はもともと女性の多かった販売職にいっそう集中することになった。これらの変化は、職場での男女の出会いの機会を減少させた。

もうひとつ重要な変化は、社縁意識の低下である。企業とそこで働く労働者、そして労働者間の連帯意識の強かった日本企業であったが、低成長時代に入って連帯意識が希薄化した。それにより、職場の人間関係がよそよそしくなり、しかも個人主義の傾向が強まるにつれ労働者間のつき合いも希薄になった。かつて従業員は家族にも似た感情を会社の同僚に対して有していたが、社縁が弱体化すると、社内で配偶者を求める力学も働かなくなったのだ。

友人が減り始める年齢

第2章において、結婚相手を見つける経路として、友人の紹介が重要性を増していると述べた。田中（2010）は、適齢期における友人関係が結婚にどういう影響を与えるかについて調査した研究である。とくに女性に注目して、友人の効果を見た。

二十四〜二十八歳の未婚女性に友人が何人いるかを問うた回答の平均は、男性の友人が六・二人、女性の友人が一六・四人となった（家計経済研究所によるパネルデータによるもので、その後結婚した女性も含まれる）。田中の仮説は次の二つである。第一に、未婚期に友人の数が多いほど結婚しやすい。第二に、異性（男性）の友人が多い（友人のなかでの異性比率が高い）ほど、結婚しやすい。

検証結果によると、二つの仮説はおおむね支持された。すなわち、友人（異性を含む）の数が多いコミュニケーション能力にすぐれた女性ほど、結婚に至る確率が高い。友人の数が多ければ、将来の配偶者を紹介してもらえる確率も高まるに違いない。余談だが、筆者の興味をひいた発見は、学歴別に友人数の違いを見たときに、短大卒の女性に友人がもっとも多かったことである。中程度の学歴が友人をもっとも惹きつけるのだろうか。

それはともかく、この調査からは不幸な事実もわかった。未婚女性は三十代に入ると、友人の数が減少する傾向にあるのだ。そうすると男性を紹介してもらう機会も減り、ひいては結婚する確率が低下してしまう。先ほど三十代に入ると、未婚者のうち交際相手のいない割合が高まることを示したが、ここでもそれを支持するデータが現れている。

田中（2010）の分析は女性を対象とした結果であるが、男性についてもおそらく当てはまるであろう。女性の場合は三十歳に達すると、結婚をめぐる状況が深刻になる。男女の平均初婚年齢に多少の差があるので、男性におけるその年齢は三十歳よりやや高く、三十三～三十五歳あたりと想像できる。

異性との交際への不安

次は、異性と交際できない、そして結婚に至らない理由を、本人の意識から類推してみよう（表4―1）。

この表でもっとも印象的なことは、男女ともに「自分は異性に対して魅力がないのではないかと思う」がもっとも多い答えだということだ。考えてみれば、これはたいへん

表4—1　異性と交際するうえでの不安

（％）

	男性（N=3179）	女性（N=1988）
気になる異性がいても、どのように声をかけてよいかわからない	37.9	29.9
どうしたら親しい異性と恋人になれるのかがわからない	33.5	28.3
恋愛交際の進め方がわからない	32.3	29.2
異性との交際がなんとなく怖くて、交際に踏み切れない	20.7	23.4
過去の失恋経験からまた異性に振られるのではないかと思う	13.9	14.6
自分は異性に対して魅力がないのではないかと思う	46.0	49.8
自分が恋愛感情を抱くことが出来るのか不安だ	23.2	40.3
そもそも異性との出会いの場所がわからない	38.8	47.1
その他	11.5	10.6

内閣府「結婚・家族形成に関する調査」（2011）より作成

正直な回答である。恋愛や結婚は相手のあることで、相手が自分を気に入ってくれないと交際は成立しない。たしかに、容姿、学歴、職業、収入、性格など、自分の資質に自信がなければ、なかなか異性との交際に積極的になれないのは自然である。

案外これは、結婚できない理由として、もっとも大きなものであるかもしれない。しかし救いの道はある。人間の魅力はさまざまである。また、結婚相手への希望も多様であることを第2章で示した。その項目のなかで、ひとつでも自信のある魅力が自分にあれば、それをトコトン売りにする、という作戦をとってはどうだろうか。「あばたもえくぼ」という言葉のように、ほかの項目には目をつぶって自分のもつ一点の魅力をたいへん気に入ってくれる人が現れて、いつか必ず交際や結婚に結びつくはずだ、と筆者は考えている。ただし、酷なことを言うかもしれないが、そのためには、異性にふられることを恐れるな、ということでもある。自分の魅力と相手の希望がうまくマッチするまで努力する必要があるのだから、それは仕方がない。「下手な鉄砲も数撃てば当たる」という言葉を思い出そう。

さて、二番目に多い不安は、男女ともに「そもそも異性との出会いの場所がわからない」である。とくに女性は「異性に対して魅力がないのでは」に迫る高ポイントである。なぜ女性のほうが、出会いの場所について覚束ないのか。これは、恋人や配偶者を見つけるに際して、男女どちらが積極的かを調べることでわかる。「出生動向調査、独身者調査」によると、男性からのアプローチが四九・一%、女性からが一九・八%で、男性のほうが女性に対して積極的である。女性が消極的なため、能動的に出会いの場所を見つけられないのではないだろうか。

表4—1に戻ろう。「気になる異性がいても、どのように声をかけてよいかわからない」とする回答も多い。こちらは男性のほうが八ポイント高い。このところ「草食男

子」という言葉が用いられるが、たしかに消極的な男性も少なくないようだ。女性は男性からのアプローチを待つのに対して、最近の男性はどう声をかけてよいかわからない、というのでは、恋人もできないし結婚もできないのは当然だろう。

男女ともに、もっと積極的になれ、と励ましたくなる調査結果である。そのためにも、先ほど触れた「あばたもえくぼ」「下手な鉄砲も数撃てば当たる」という言葉を頭に置いて、ぜひチャレンジしてほしい。

2　三〇〇万円の壁

年収別の婚姻・交際

図4―2（一一五頁）によれば、未婚者が結婚できない理由として、「適当な相手にめぐり会わない」に次いで回答が多かったのは、「結婚資金が足りない」に代表される経済生活への不安であった。所得の多寡が結婚にどのような影響を与えているのか。そして、さらに踏み込んで、所得の低い人が結婚できるかどうかを分析しておこう。

図4―4は二十代と三十代の男女に関して、年収別に見た場合に、結婚しているか、

恋人がいるかいないか、結婚しておらず恋人もいない人については異性との交際経験があるかないか、などの違いを明らかにしている。

まず男性に注目してみよう（ａ）。年収三〇〇万円未満の若い男性の状況は衝撃的といっても過言ではない。二十代と三十代を通じて、既婚者は一〇％に満たず、「恋人あり」も二十代で二五・三％、三十代で一八・四％である。それに対して、「恋人なし」が三〇％台、なんと「交際経験なし」も三〇％台半ば前後である。まことに寂しい現実である。

三〇〇万円以上四〇〇万円未満になると、既婚者が二五％前後と急上昇し、「交際経験なし」も二〇％を割り込む。それ以降も、おおむね年収が増えるに従い既婚者が増え、「交際経験なし」が減っていくのがわかるだろう（「恋人あり」と「恋人なし」に関しては、年収によるはっきりとした傾向は読みとれない）。

次のような命題が得られる。すなわち、若い男性が結婚するか、しないか（あるいはできないか）の差は、年収三〇〇万円が境になっている。年収三〇〇万円未満の男性は、結婚しても経済生活ができない可能性が高いと考え、結婚に踏み切れないのだろう。

さらに、年収三〇〇万円未満では、「恋人なし」と「交際経験なし」で過半数を占め

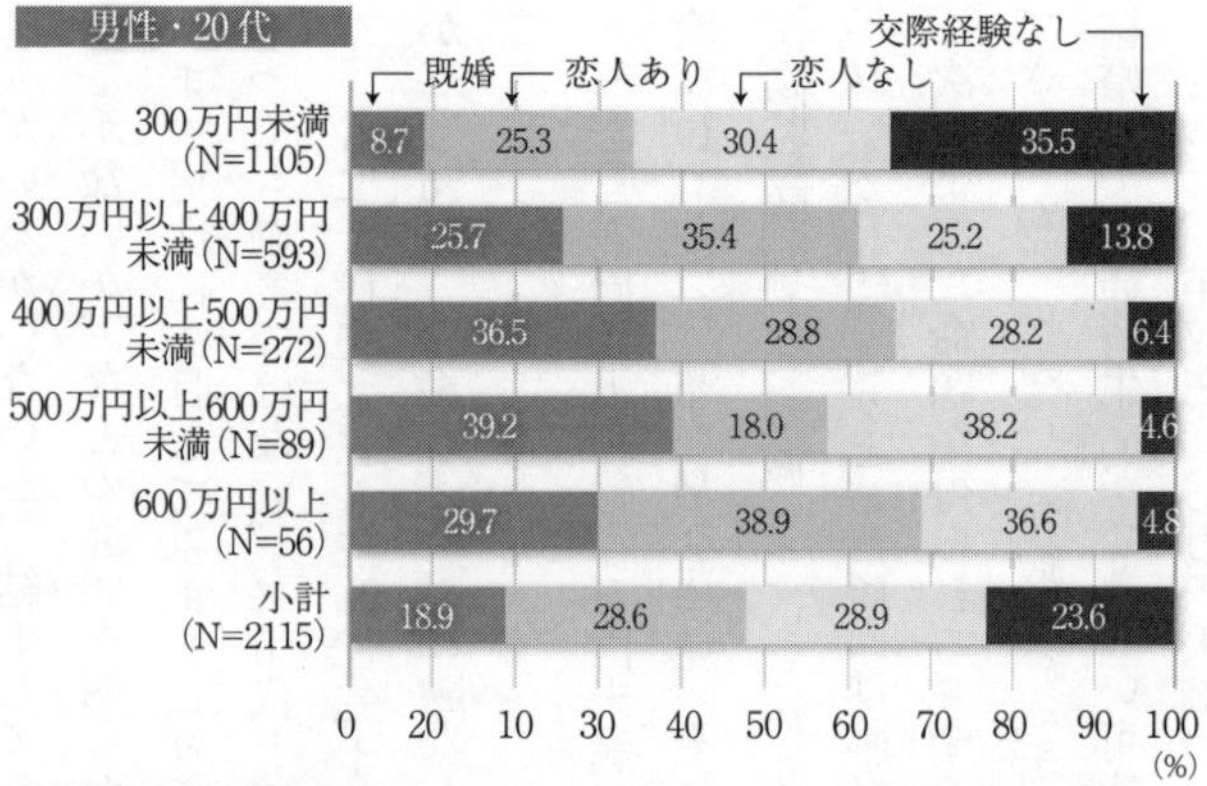

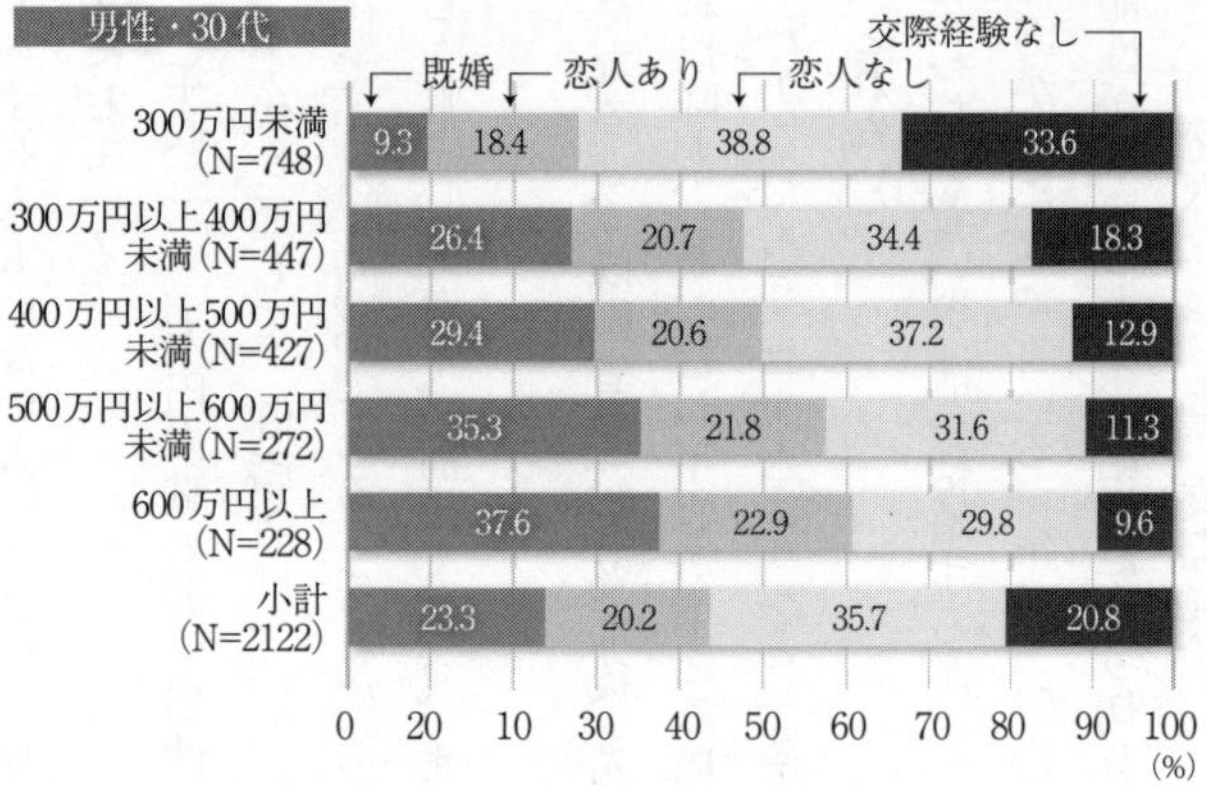

図 4—4a　年収別の婚姻・交際状況（男性）

注）職業が「学生」，年収が「わからない」という者は除く，
「300 万円未満」は「収入がなかった」，「100 万円未満」，「100 万円～ 200 万円未満」，「200 万円～ 300 万円未満」の合計．「600 万円以上」は「600 万円～ 800 万円未満」，「800 万円～ 1000 万円未満」，「1000 万円以上」の合計．
「既婚」は，結婚 3 年以内．

内閣府「結婚・家族形成に関する調査」（2011）より作成

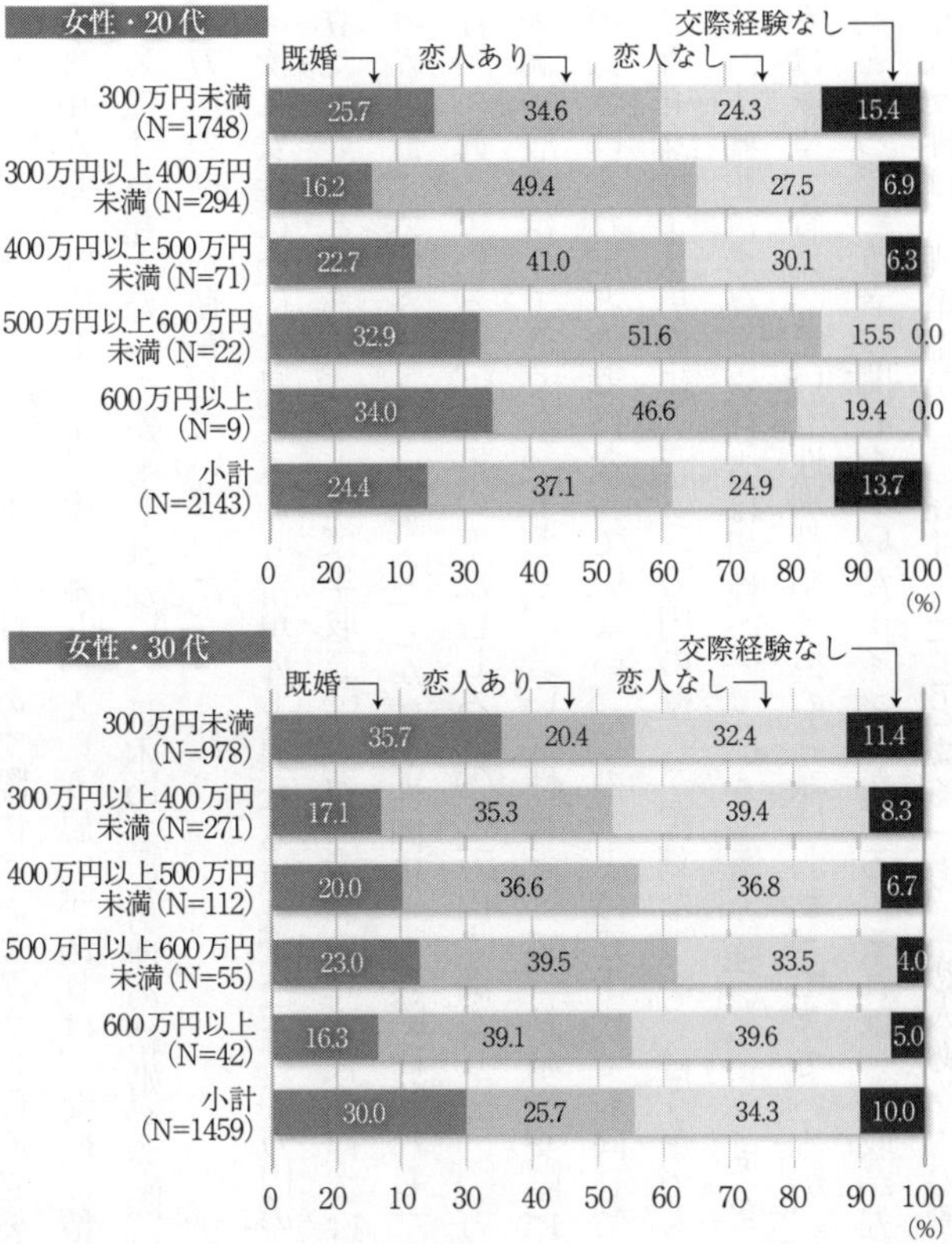
女性・20代
既婚
恋人あり
恋人なし
交際経験なし
300万円未満 (N=1748)
25.7
34.6
24.3
15.4
300万円以上400万円未満 (N=294)
16.2
49.4
27.5
6.9
400万円以上500万円未満 (N=71)
22.7
41.0
30.1
6.3
500万円以上600万円未満 (N=22)
32.9
51.6
15.5
0.0
600万円以上 (N=9)
34.0
46.6
19.4
0.0
小計 (N=2143)
24.4
37.1
24.9
13.7
0 20 10 30 40 50 60 70 80 90 100
(%)
女性・30代
既婚
恋人あり
恋人なし
交際経験なし
300万円未満 (N=978)
35.7
20.4
32.4
11.4
300万円以上400万円未満 (N=271)
17.1
35.3
39.4
8.3
400万円以上500万円未満 (N=112)
20.0
36.6
36.8
6.7
500万円以上600万円未満 (N=55)
23.0
39.5
33.5
4.0
600万円以上 (N=42)
16.3
39.1
39.6
5.0
小計 (N=1459)
30.0
25.7
34.3
10.0
0 20 10 30 40 50 60 70 80 90 100
(%)

図 4—4b　年収別の婚姻・交際状況（女性）
注と出典は右に同じ

ている。結婚まで至らずとも、女性との交際にはお金がある程度必要である。また経済的理由から、交際しても結婚は難しいという思いがあれば、女性に積極的にアプローチする気すら起きないのかもしれない。日本の若い男性の結婚や交際においては、「三〇〇万円の壁」が存在しているのだ。

次に女性について見てみよう。男性と異なる点は、「三〇〇万円の壁」が男性ほど目立たないことである。たとえば年収三〇〇万円未満の二十代女性では、既婚者と恋人ありが合計で六割を超えている。たしかに男性同様、「交際経験なし」は年収が増えるに従って減っているが、既婚の率はむしろ三〇〇万円未満より三〇〇万円以上五〇〇万円未満の層のほうで低くなっており、若い女性にとって、結婚や交際において自分の所得の低さはそれほどの壁になっていない。このことは三十代でも同じである。

なぜ女性より男性に「三〇〇万円の壁」が深刻なのか。言うまでもなく、まだ日本では「夫婦生活の経済責任者は男性だ」という意識が強いからである。「男は外で働き、女は家事・育児」という性別役割分担の意識は弱まってきているが、まだ根強い。

ところで、筆者の関心をひいたポイントがある。それは、年収が五〇〇万円以上の三十代女性は、既婚率が二〇%前後にとどまる一方、「恋人あり」の割合は四〇%前後と高い。さらに「交際経験なし」は、五％前後と非常に低い。こうした女性は、自分の所得だけで生活していけるので、結婚しなくてもよいと考える人が多いのではないか。お金もあるし、仕事もやりがいがある、男性とのつき合いにも積極的、という人生を楽しくかつ有意義に送る三十代独身女性の姿が浮かんでくる。彼女たちが「三〇〇万円の壁」に苦しむ男性たちと結婚するならば、すべてが丸く収まるとも言えるが、結婚は個々人の自由意思によるものであり、無理強いできないことは言うまでもない。

なお同調査では、雇用形態別の婚姻・交際状況も集計しているが、低収入男性の深刻な状況は変わらない。図3―5（一〇五頁）をもう一度見てほしい。正規雇用の男性は「既婚」、「恋人あり」がともに二七％強、「交際経験なし」は一五％弱なのに対して、非正規雇用だと既婚が四・七％、「恋人あり」が一五・三％にすぎず、「交際経験なし」が三九・三％にも達する。両者には、賃金はじめ労働条件にかなりの格差があることは広く知られるところである。前述したように、女性の場合、正規雇用と非正規雇用であまり差がないのも、先ほどの結果と整合性がある。

苦しむ若者を救うために

低所得者や非正規労働者が結婚や交際において不利な状況にあることを見てきた。これは日本が格差社会、あるいは貧困大国になったことの影響を受けたものである。日本がこれほど格差の大きい国になった経緯や現状については、たとえば橘木(1998, 2006)などに譲り、ここでは結婚できない、あるいは異性とつき合う機会のない低所得や貧困に苦しむ若者に焦点を合わせて議論しよう。

第3章の「2 ウィークカップル」の節で、若者の経済状況については議論した。経済の低成長期に入り、若者の失業率が上昇し、また雇用形態も正規雇用と非正規雇用に二極分化した。

さらに付け加えるなら、若者の意識変化にも触れるべきだろう。豊かになった日本で育った若者の一部に、貧しかった時代の若者のような、高い勤労意欲をもたない人が出現した。嘆く向きもあるだろうが、これは豊かな国では共通して発生するもので、日本の若者だけを批判すべきではない。ガムシャラに働かず、そこそこの生活を送ることを望む人がいてもよいと筆者は判断する。

また、学校教育の現場において、卒業後スムーズに働けるような職業教育をしてこなかったことも指摘しておきたい。上級学校への進学競争に勝つための受験教育に、学校教育の時間が奪われていたからである。学校から仕事への移行がうまく進まず、若者が職業人となってから戸惑うことがあった。これも若者の職の不安定化の要因となった。

このような理由が重なって、一部の若者は経済的な弱者となった。非正規労働者にならざるをえなかったり、低い所得しか稼げず、結婚や異性とのつき合いでハンディを背負うことになった。この問題は女性以上に、若い男性に深刻である。

現状において若者対策としてどのようなことができるか、以下にまとめる（雇用や賃金に関する解説は橘木・高畑〔2012〕に詳しい）。

（1）最低賃金のアップが必要である。日本の最低賃金はたとえフルタイムで働いても、一人で生活していけるような額でなく、非常に低い。日本社会は、「若者は親に援助してもらえるので低賃金でもよい」とそれを暗黙に容認してきたが、三十歳になっても親の経済的支援を受けなければならないようでは結婚もできず、自立もできないことは、社会もよくわかってきたのではないか。最低賃金を引き上げて、一人で生活し、さらに結婚できるだけの所得を稼げるようにする必要がある。

最低賃金のアップについては、当然のことながら、経営側の反対が強い。社会が経営側の声を受け入れてきたため、最低賃金は低く抑えられてきた。経営側が反対する理由は自明で、人件費が高くなることで企業倒産が増加していいのか、失業者が増加してよいのか、といったポイントである。ここで筆者は大胆なことを主張したい。低い賃金しか出せない企業を、低い最低賃金によって保護するよりも、それらの低生産性の企業は市場から退出してもらい、高い賃金を出せる高生産性の企業に新規参入してもらう、という案である（これに関して、詳しくは橘木・高畑〔2012〕を参照されたい）。さらに、社会の合意があれば、公共部門から企業に賃金補助金を支払うという策もとりうる。社会の合意が必要なのは、その財源として税収を用いるからである。

（2）同一価値労働・同一賃金の原則に近づける。正規雇用と非正規雇用の違いは、身分上の差だけで処遇差を設けていることを意味する。同じ仕事をしているのなら、一時間当たり賃金を正規も非正規も同額にする、という原則に近づけたい。

（3）自ら進んで非正規雇用で働きたいという人もいるので、非正規雇用をなくせ、とまでは主張しない。しかし、望んでも正規雇用の職に就けず、仕方なく非正規労働者でいる人たちを正規労働者として雇用できるような労使関係にしたい。

（4）（3）で述べたことを具体化する手段のひとつにワークシェアリングの思想があ

る。長時間労働者の労働時間を、失業している人や短時間労働の人に譲る案である。日本でワークシェアリングは、ごく一部を除いて導入されていない。ヨーロッパではこれに成功した国があるので日本も見習いたい。

（5）先に触れたように、学校を卒業したばかりの若者が技能不足や技能のミスマッチで、たとえ職に就いたとしても、仕事をうまく遂行できないことがある。卒業後に容易に職を見つけることができ、かつスムーズに仕事ができるように、学校教育において職業・技能教育を徹底的に行うようにしたい。

3　結婚と子どもの意義

本章では結婚を望みながらも、ふさわしい相手に出会えない、あるいはお金がない、という人々の事情を明らかにした。ここでは視点を国や社会の側に変えて、なぜ人が結婚し、子どもをもつことが望ましいのか、主として経済学の視点から考えてみたい。これを踏まえて、各種の支援策が必要であることを理解してもらいたい。

結婚して女性も働くことの利点

人は結婚に何を求めるのかについては、第2章で論じた。そこでの結論は（1）子どもや家族をもてる、（2）精神的安らぎの場が得られる、の二つである。いずれも結婚生活から得られる個人的な満足を示しているが、実は国や社会の視点から見ても結婚には有意義な点がある。それはとくに、子どもをもつことである。

日本の場合、子どもをもつには、結婚することが前提となる。このことを変化させる必要もあるだろうが、まずは結婚しやすい社会にすることが肝要だろう。そのとき問題となるのが、結婚した女性が働き続けるのが難しい、今の日本社会のあり方である。この点を改革することは、単に結婚後も仕事の継続を願う女性のみならず、社会全体にとっても大きな意義がある。

それは、結婚しても女性が働き続けるなら、少子化による労働力不足を解消することができる、という点である。経済学では、国の経済成長率を決定するのは（1）労働力、（2）資本、（3）技術進歩の成長、以上三つの合計とされる。少子化とは、労働力の成長率がマイナスであることを意味するので、経済成長率をポジティブ（正）にするには、残る二つの要素、資本と技術進歩の成長率が相当高くなければならない。日本の貯蓄率は少子高齢化によって低下しているので資本調達の資金難が予想されるし、企業の設備投資意欲も弱いので、資本の高成長は期待できない。技術進歩も韓国や中国に負けつつあり、新製品の開発は活発でない。両者に過度な期待ができない以上、経済成長率を高めるには、労働力に期待がかかる。そして、その候補は女性、高齢者、移民である。

高齢者と移民の活用も重要な論点であるが、本書の関心から、女性、とくに既婚女性に注目しよう。既婚女性がもっと働くようになれば、労働力が増加に転じ、高成長につながる。第1章において、日本の女性の年齢階級別労働力率のグラフがまだ「M字型カーブ」を保持している姿を見た。ほかの先進諸国に比べて高学歴層の就業率が低い現実も確認した。結婚・出産後も働き続けられる環境の整備は急務である。また、専業主婦を選択する女性の数を減少させるような施策も求められる。

各家庭においても、既婚女性が働き続けることで、家計所得が高くなる。とくに第3章で示したウィークカップルの妻の所得を高めることができれば、夫婦間の所得格差の緩和につながるだろう。非正規労働者が多いウィークカップルの妻を、できるだけ正規労働者にするような政策に期待がかかる。

最後に女性が働き続けることの利点として、「離婚」との関係を挙げたい。専業主婦をしていた女性が離婚すると、技能の蓄積がないだけに、就ける仕事は低賃金労働しかない。また、女性に多い非正規労働者の技能も高くないので、同じく賃金は低い。こうした女性が離婚して、夫の所得に頼れなくなると、たちまち生活苦に陥る。これを避けるためには、女性も正規労働者として働き続けて技能を蓄積することが必要である。離婚については、次章で詳しく見る。

子どもをもつことの意義

子どもをもつことの意義を社会から見ると、次の二つである。

まず、子どもが大人に成長すると労働力になる。労働力不足が深刻になる日本において、それを阻止できる。第二に、子どもをもつと家計消費が増加して内需拡大となり、経済成長率を高める。

第二の点に関しては、すでに山田・塚崎（2012）の貴重な貢献がある。山田昌弘と塚崎公義の主張は、夫婦が結婚して共働きになると夫婦所得が高くなり、家計消費の増大につながって、内需拡大を招くというものである。私たちも二人の主張から大いに刺激を受けたが、このことを子どもをもつことにまで拡張したい。

なぜなら、結婚して二人で住んだ場合を考えてみたい。たしかに消費額は増えるだろうが、独身男性と独身女性がそれぞれ消費していた額の二倍を超えることはないだろう。たとえば、それぞれひとつずつ所有していたテレビ、家具、自動車などは、結婚して一家を構えたからといって、必ずしもそれぞれを二つもつことにはなるまい。意外に、結婚しても家計消費の増加には限界がある。

この論理は、共働き夫婦の家計消費についても当てはまる。たしかに専業主婦より家計所得は高いであろうから、家計消費の増加につながる。たとえば二人で豪華な外食をするとか、旅行に行くとか、家屋の取得とか、ぜいたく品の購入に走るといったことで、家計消費は増加する。そういう意味では山田・塚崎（2012）の主張は正しい。しかし二人が一緒に住んでも家計消費の増加は二倍以下にとどまる、という結果を二人が働くことによって助長することがあるかもしれない。

むしろ本書では、子どもをもてば、もっと家計消費の増加に期待できると主張したい。まず子どもの生活用品の購入がある。子どもが学校に通学するようになると、教育費を筆頭にさまざまな消費につながる。生徒、学生が増えれば、教員数の増加や教育産業の発展による経済活性化にも期待できる。

また、子どもが成長して働くようになると、その所得による家計消費が確実に出現する。この効果は子どもの出生から二〇〜三〇年を経て出現するものなので、短期的にはそう大きくはないが、中・長期的な消費増大効果をもたらす。

共働き夫婦が子どもをもてるように

ほとんどの若者が結婚し、夫婦共働きとなり、夫婦当たり二人程度の子どもをもてば、家計消費の増加による内需拡大によって、経済の活性化がもたらされる。

多くの人が結婚でき、そして好ましい労働条件の下で働けるように、どのような政策に期待できるかに関してはすでに述べた。ここでは出生率を高めるための政策を論じたい。

第一に、日本の出生率が低い理由のひとつは結婚率の低下にある。日本では婚外子の出生数が非常に少ないので、結婚して夫婦になることが出生率を高める条件となる。どうすれば結婚できるようになるかはすでに論じた。婚外子の問題に関しては、嫡出子（正式に結婚している夫婦から生まれる子ども）と非嫡出子（事実婚の夫婦から生まれる子ども）の間に存在する税制、育児手当、遺産相続などの処遇差を改め、婚外子が不利な状況を是正する必要がある。幸いなことに、制度の是正は進みつつあるが、もっと重要なことは、社会における婚外子、非嫡出子に対する冷たい視線を絶つことであろう。

第二に、若い夫婦が結婚、出産に踏み込めない大きな理由として、経済生活の苦しさがある。この解決には、「子ども手当」（旧来の児童手当に名称が戻ったが）の充実が有効である。民主党政権は「子どもを社会で育てる」という原理に基づいて子ども手当の充実を図ったが、政治の世界ではまだ「子どもは親によって育てられるべき」という原則に執着するグループの勢力が強く、なかなかヨーロッパのように子ども手当の充実策が進まない。

子どもを社会で育てるのか、あるいは親のみによって育てるべきなのかという考え方の違いについては、経済学で言う公共財と私的財の区別から理解できる。子どもは親の負担によって育てるかわりに、その効用（あるいは満足感）は親が享受すると考えるのが私的財の考え方である。一方、子どもは社会の負担によって育てるかわりに、社会全体でその効用を享受すると考えるのが公共財の考え方である。子どもはこの両者の特性を有していると考えられるが、現今の日本では公共財としての価値がより重要性を増している。すでに強調したように、子どもの存在は社会・経済に大きく貢献しているのだから、今後は社会で育てる方向に向かうべきである。

第三に、子育てをしながら若い夫婦、とくに妻が働くことはたいへんな困難を伴う。そのため、子育て支援策の充実が必要である。育児休業制度のさらなる充実、育児休業後に企業に戻った場合の処遇が不利にならない対策、保育施設の整備や保育の条件をニーズに合ったものにする(乳幼児の保育確保や長時間の保育など)、これらのさまざまな子育て支援策を強化する必要がある。そのためには、企業の取り組みが肝要であることに加えて、保育士の確保など財政負担が必要である。子どもを公共財として育てる精神をもっと強くするには、国民は税負担の増加を容認せねばならない。

第四に、これまで以上に夫の貢献が必要である。性別役割分担意識は徐々に希薄化しており、夫が家事と育児により携わる時代がくるものと予想されるが、現状はまだまだ夫の貢献が不十分である。いっそうの奮起を男性に期待したい。

第5章　離婚による格差

1 離婚のメカニズム

離婚率の上昇

これまで、どのような人々が夫婦になっているかについて分析することで、夫婦間の格差について考えてきた。この世の中にはさまざまな夫婦のかたちがあり、ともに白髪になるまで寄り添う夫婦もいれば、そうでない夫婦もいる。ここまでは触れずにきたが、結婚の裏には離婚がある。夫婦の問題を考える本書で、離婚に触れずに済ませるわけにはいくまい。

それにもうひとつ理由がある。それは、前述のとおり、国の社会保険制度が基本的に世帯単位で基準を設定していることにある。今まで家庭を通して社会保障を受けていた人が離婚によってセーフティネットを失うとしたらこれは大きな問題であるからだ。

本章では、離婚行動について経済学的に分析を行っていく。これまで見てきたように、経済と結婚には相関関係があると言われている。近代化が進み、経済成長が進んだ時代には、夫は仕事、妻は家事・育児と夫婦分業することが家計の満足度を最大化させたので離婚率が低かった。しかし最近は離婚率が上昇し、未婚と並んで新たな問題となっている。

まずは、この離婚率について詳しく見ていこう。離婚率の指標は大きく分けて二種類ある。

第一は「普通離婚率」である。これは「粗離婚率」とも言う。この指標は全人口一〇〇〇人に対する離婚件数を表したものである（単位は千分率、‰〔パーミル〕となる）。シンプルではあるが、人口の年齢構成の影響を受けるので、この指標の変化がどのような意味をもつのか正確にはわかりにくい。

そのため、普通離婚率以外の離婚率を総称した「特殊離婚率」という指標を用いることが多い。年齢別人口に対する離婚率を見た「年齢別離婚率」や、男女別に分けた有配偶人口一〇〇〇人に対する離婚件数を示す「有配偶離婚率」がそれである。「人口動態統計特殊報告」など公の統計情報では、「有配偶離婚率」を年齢階級別に見ている（「年齢別有配偶離婚率」と表記される）。そのほかに、結婚期間別、男女別に見た、有配偶者一〇〇〇人に対してどれくらい離婚しているかという指標である「結婚持続期間別離婚率」などがある。

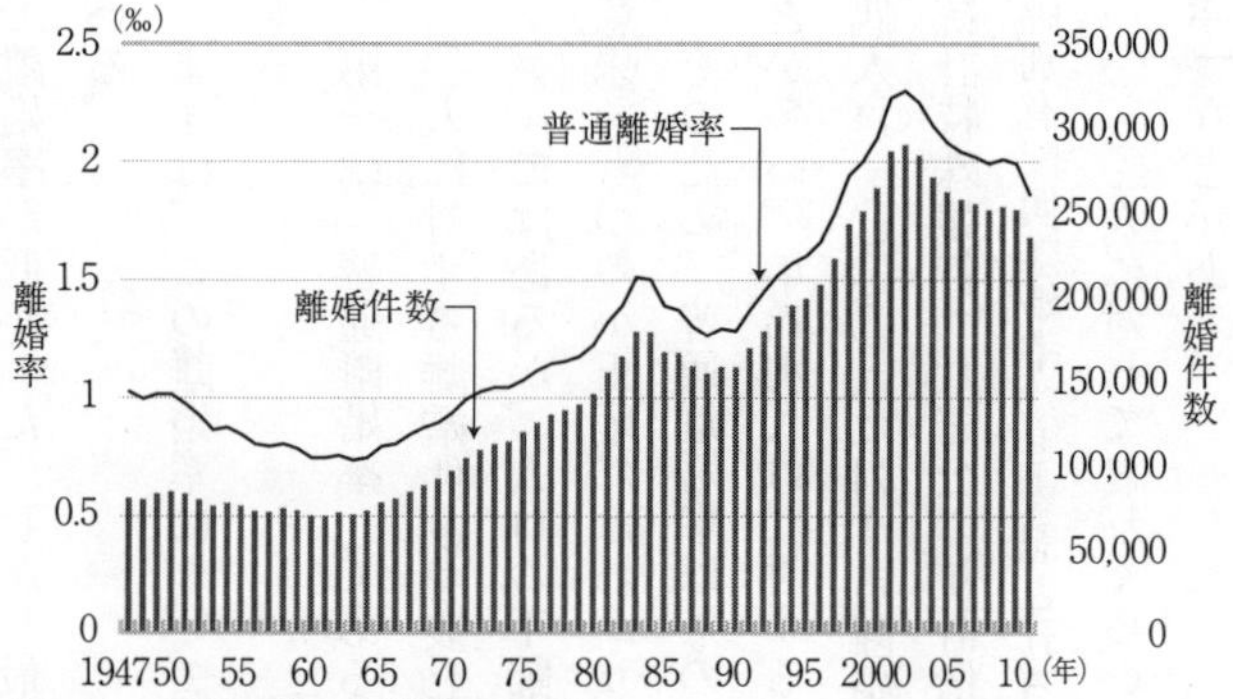

図5―1　離婚件数と離婚率の推移
厚生労働省「人口動態統計」より作成

前者の普通離婚率は人口の年齢構成の影響を受けることが問題だが、年次推移について見ることができる点が特長である。図5―1で離婚件数と普通離婚率の年次推移について見てみよう。わが国の離婚件数、離婚率は一九六〇年代初頭以降増加傾向にあることがわかる。一九六〇年の離婚件数は六万九四一〇件、離婚率（‰）は〇・七四だったのに対し、二〇一一年には離婚件数は二三万五〇〇〇件、離婚率は一・八六まで増えている。約二・五倍の増加である。離婚件数、離婚率ともにピークだったのは二〇〇二年で、以降はともに低下している。これは経済不況が深刻化して、人々が離婚による生活苦を恐れたことが考えられる。

離婚の増大は多くの先進国に見られる。日本と同様にほかの先進国も一九六〇年代初頭以降、離婚率が上昇し、七〇年代に加速している。たとえばイタリアでは、それまでカトリックの教義により離婚は禁じられていたが、七〇年に法的に離婚が認められた。イギリスでは、「有責主義」（相手に不貞行為など責任がある場合に限って離婚を認める主義）から「破綻主義」（両者の合意があれば離婚を認める主義）が認められた。アメリカの多くの州では双方的離婚（離婚に際して夫婦双方の合意を求める）から一方的離婚（夫婦どちらかの請求のみでよいとする）に制度が移行した。こうした変化が離婚率上昇の背景にある（もっとも、離婚法制の改正が離婚を容易にしたというよりも、離婚について社会的な要望が高まり、法制度がそれに対応したと考えるのが妥当である）。

四つの別れ方

わが国における離婚には四つの種類が存在する。

第一は、「協議離婚」である。夫婦で離婚の意思を確認し、役所に離婚届を提出することを要件にする制度である。協議離婚が成立しない場合、「調停離婚」となる。家庭裁判所に介入してもらい、調停調書に記載される取り決めによって離婚が成立する。調

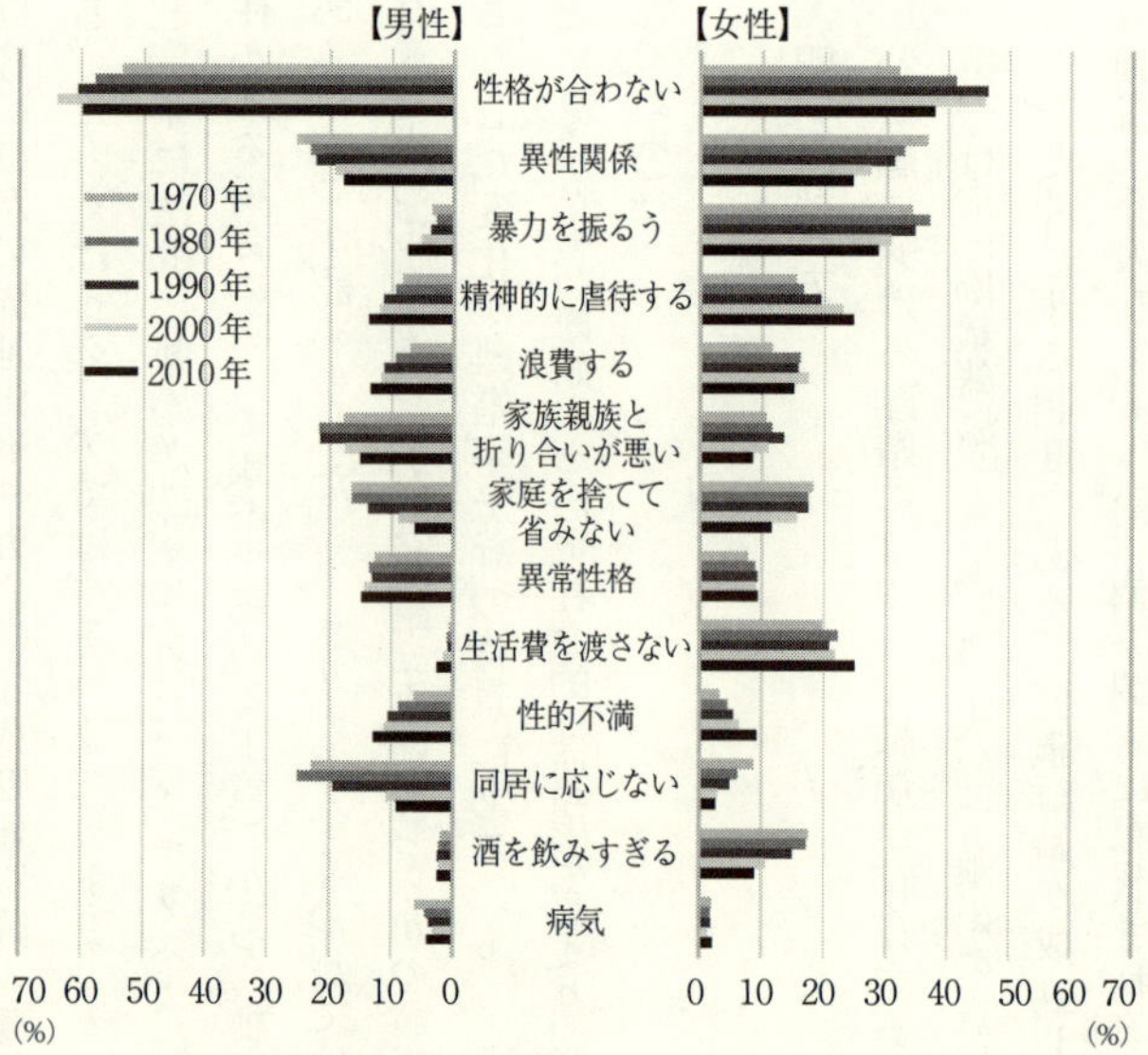

図5—2　夫婦別に見た離婚の原因比率

注）数値は，離婚の申立人の言う動機のうち，主なもの3つまで挙げてもらったものの申立て総数に占める割合.

最高裁判所事務総局「司法統計年報」より作成

停離婚でも解決しない場合には「審判離婚」といって、家庭裁判所が職権で離婚を認める方法がある（ただし、実務上ではあまり利用されていない）。最後が「裁判（判決）離婚」である。不貞行為があった場合や配偶者が生死不明となった場合に、裁判所に介入してもらって解決する方法である。

わが国では、婚姻関係を解消する夫婦の約九〇%が協議離婚のかたちをとっている。

裁判離婚を行うにあたっては、離婚原因が必要となる。わが国の民法においては、配偶者に不貞行為があった場合など「有責主義」のほか、婚姻を継続しがたい重大な事由があるときを指す「破綻主義」に基づく離婚原因を定めている。

夫婦は、どのような要因で離婚しようと決心するのだろうか。図５―２で離婚原因の推移を見てみよう。一九七〇年に比べて、比率の上昇が目立っている項目は「性格が合わない」や「精神的に虐待する」「性的不満」である。逆に低くなっている項目は「異性関係」や「同居に応じない」である。

男女別に見ると、男性に多い離婚動機は「性格が合わない」が圧倒的で、女性はそれと並んで「暴力をふるう」「生活費を渡さない」などが目立つ。恋愛して「性格が合う」からと結婚した者同士が「性格が合わない」として離婚していく理由には、相手のことをよく知らないという「情報の非対称性」が生じていたからだと考えられる。

経済理論で考える

ここで、離婚に至るメカニズムおよび、その原因に関する経済理論について触れたい。

一般的には、現在の結婚生活を維持することによって得られる期待効用（あるいは満足）

と、独身生活に戻ったときに得られる期待効用を比較したとき、後者が前者を上回るなら離婚を決断する、と言える。そのメカニズムについて見てみよう。

第一に、当然ながら、世の中すべての異性について、自分の結婚相手としての適性を調べることはできない（第2章でも触れた「サーチ理論」の問題）。そのため、自分の出会った異性のなかでもっとも納得できる異性と結婚をすることになる。その結果、結婚後に今のパートナーよりも望ましい人とめぐり会ってしまうこともありうる。その人と結婚するために、離婚する場合である。

第二に、先ほど述べた「情報の非対称性」である。結婚という取引を行う前に、パートナーについてすべてを知っているということはありえない。場合によっては、相手が情報を隠していることとすらある。結婚生活を続けるにつれて、相手についての情報が蓄積されると、不満が高まって、これ以上結婚生活を続けることができないと判断するのだ。

第三に「不確実性」の問題である。ある出来事の発生によって、相手と自分を取り巻く環境が変わり、結婚生活を続けられないと判断するケースである。夫の経済力に惹かれて結婚したが、夫がリストラされたので別れてしまった。あるいは、たとえば、妻が始めた料理教室が繁盛して妻の経済力が夫よりも勝るようになった結果、離婚に至った、ということもあるだろう。これについて、Weiss and Willis (1997) は、予期しない夫の稼得能力の低下と、予期しない妻の稼得能力の上昇は、ともに離婚率を上昇させることを明らかにしている。

かつては、これらの問題があっても、なかなか離婚に踏み切れなかった。しかし、今の時代は離婚に踏み切る人が増えている。「家」意識が弱くなって「家」を離れることの罪悪感が減ったことや、「子はかすがい」という意識が従前よりも低くなったこと、女性が働きに出るようになり経済的に独立することも無理ではなくなったこと、そしてかつて強かった「離婚を恥」とする社会的な風潮が弱まったことのほか、恋愛結婚が主流になったことが関連している。見合い結婚では、本人と家の条件をあらかじめ伝え、それを受け入れて結婚しているので、夫婦の不仲の問題は家同士の問題に直結し、離婚しにくいと考えられる。

生命保険文化センターが三大都市圏に住む三十〜六十九歳の男女を対象として二〇〇〇年に実施した調査、「ライフサイクルと生活保障に関する研究」において、「努力しても結婚生活がうまくいかないときに離婚を容認するか」という問いに、「容認する」と答えた人は六七・四％に上る。

ただし、それでも離婚を容認しないとする人が約三割いることを指摘しておきたい。また「容認する」と答えたものの、いざ自分自身の問題となると、離婚に踏み切れない夫婦も多いことだろう。「仮面夫婦」「家庭内別居」という言葉が物語るように、形式上、結婚生活を取り繕う夫婦も少なくあるまい。今世紀に入り、不況の影響で離婚率が減少したことからもわかるように、離婚はそれほど簡単な決断ではない。

2　誰が別れるのか

離婚確率を上げる要因

これまで未婚化・晩婚化については社会学、地理学ほか、経済学が得意とする実証分析など、さまざまな切り口から分析が行われてきた。しかし、離婚についての分析は、先ほど述べた離婚率推移や、離婚の申し立て動機について見た司法的な分析が主流であり、「個票データ」を用いて、離婚の要因を分析した研究は少なかった。その理由はひとえに、離婚について分析が可能となるような大規模なデータがなかったためである。

しかし最近では離婚に関してのデータが蓄積され、徐々に研究が進んでいる。離婚する人の属性について詳細に分析した、わが国の先行研究として、安藏（2003）や加藤（2005）、福田（2005）が挙げられる。それらによると、わが国の離婚の要因は、出生コーホート（同じ年に生まれた集団のこと）、初婚年齢、子どもの有無および末子年齢、婚姻期間、居住地規模、親との同居、結婚や伝統的な役割分担に対する価値観、十五歳時における社会経済的環境要因、就業状態・就業形態、経済成長率に大別される。

はじめに、初婚年齢について見てみよう。初婚年齢が早い、すなわち、早婚である場合、離婚確率が高くなるという。わが国において結婚年齢の若い夫婦は「できちゃった婚」である場合が多いので、家族になる決心がつかぬままに結婚して後悔することが多いのだろう。もちろん、今まで甲斐性のなかった男性が父親としての覚悟を決めるようなケースも考えられるので、事情はそれぞれである。とはいえ、全体として見たとき、早婚の離婚確率は高い。

次に、婚姻期間について見てみよう。加藤による、婚姻期間別（初期〔〇～四年〕、中期〔五～九年〕、後期〔一〇～三〇年〕）に離婚要因を見た分析が秀逸なので参考にしたい。

まず、結婚初期（〇～四年）において離婚を抑制する要因は、「子どもの存在」と「夫の親との同居」である。

次に、結婚中期（五〜九年）の離婚については、「妻の就業」と「妻の実家の経済階層の低さ」によって離婚確率が上昇する。就業によって、経済的に自立した妻が離婚へと誘導するのである。経済力と離婚の関係については後ほど述べる。

最後に、結婚後期（一〇〜三〇年）の離婚については、「夫の職業階層」が圧倒的な影響力をもつ。経済状況が低成長期の場合、夫が中小企業に勤めていると、大企業に勤めているより離婚確率が大きく跳ね上がるという。高成長期においては、夫がどのような企業に勤めていても離婚率の差は小さい。この結果を見るに、夫婦生活の要は結局お金なのかもしれないとさえ感じる。

景気に関連して、特筆すべきであることは、一九六〇年代後半に生まれた女性はそれまでに生まれた女性よりも離婚確率が高くなっていることが安藏や福田の研究から示されている。これは、十代後半から二十代前半にかけての思春期・青年期をバブル経済下で過ごしたことが、結婚について、従前とは異なる価値観の形成に影響を与えた可能性があると安藏は推測している。

先ほども紹介したが、「子はかすがい」という言葉で知られるように、子どもは離婚の抑制要因になると考えられてきた。子どもは夫婦の共有財産であり、古くは「家」の財産でもあった。また、子どもに家業をつがせることが多かったので、離婚によってその「財産」を失うことが恐れられていた。実際に、安藏と加藤、二者の研究に共通して、子どもがいる夫婦は子どものいない夫婦よりも離婚確率は低く示されている（福田の研究では、子どもがいることによる離婚確率の低下は示されていないが、それはデータの性質によるものであると福田自身が述べている）。ただし、これは子どもの年齢によっても異なるだろう。たとえば、子どもの年齢が低いと「子どもが小さいときに離婚すると悪影響を与える」と離婚を我慢し、反対に、子どもが大きくなり人生の節目を迎えたときに、「親としての責任を全うした」として離婚をする夫婦もいるだろう。

しかし、末子年齢が低い場合でも、離婚確率には男女差があると安藏は述べている。男性にとって未就学児がいることは離婚抑制効果を生むが、女性にとってはそれほど効果をもたらさないことが示された。

離婚を決定する客観的要素

ここまでは、結婚生活を支える要因について見てきたが、図５―２（一四八頁）で見たように、離婚原因の主たる事由が「性格が合わない」であることに鑑みれば、本人のバックグラウンドにも着目すべきであろう。リチャード・A・イースタリンによると、青少年期の社会経済的な環境要因はその後の人生の行動様式に影響を与えるという。男性は、「十五歳時に片親であったこと」「母親がフルタイムで働いていたこと」が、女性は「青少年期の父親の職業」が離婚に影響を与えるようだ。

学歴も本人のバックグラウンドを語る客観的な項目として十分な説明力をもっている。一般的に、高学歴の人は高収入になる可能性が高いので、経済的に自立しやすい高学歴女性ほど離婚が多いと考えられる。そうであれば、第3章で触れたパワーカップルほど離婚が多くても不思議ではないし、それによって格差が是正されることすらあるかもしれない。

しかし実際には、加藤（2003）、福田（2005）によって、わが国では低学歴の人ほど離婚確率が高いことがわかった。これは、日本の離婚行動について分析を行ったRaymo, Bumpass, Iwasawa（2004）の結果と一致する。他方、ノルウェーやイタリアなどで行われた研究結果では、学歴と離婚率の間に正の相関があるので、わが国は特異な例である。ただし、学歴そのものが離婚の直接の要因になるわけではなさそうである。これは夫婦の就業状態、就業形態について見るとわかる。福田は、夫が非正規雇用、無職であるとき、あるいは妻が就業しているとき、とりわけフルタイム雇用の場合に離婚確率が高まると述べている（なお妻がフルタイム雇用の仕事に就いている場合については、離婚に備えて経済的に自立するために仕事を始めた可能性があるので、相関関係があることは言えても因果関係があるとは言えないことに注意）。

学歴と経済力がある程度比例している点を踏まえて考えると、以下二つの仮説が立てられる。ひとつは、離婚するデメリットを重く見るかどうかである。高学歴の人は人生において計画性が高いので離婚によるデメリットを大きく感じて、離婚を避ける傾向が高い、という論理である。

もうひとつは、「金の切れ目が縁の切れ目」という言葉が表すように、夫婦生活維持のための経済力の問題である。低学歴の人は、低い経済力にとどまることが多いので、夫婦間でもお金のことでトラブルが生じて離婚する可能性が高くなる、という論理である。もちろん、これらふたつの説はあくまで仮説であり、より詳細に研究を行っていく必要があるだろう。

厚生労働省が発表する「人口動態職業・産業別統計」調査では、職業分類別に離婚率を見ている。やや古いが、一九九五年度の調査では、夫の職業別に見た標準化有配偶離婚率（男子有配偶人口一〇〇〇に対する離婚率）について調査している。福田の報告どおり、無職の夫の有配偶離婚率が二七・九‰ともっとも高い。ちなみに、もっとも離婚率が低い職業は自衛官、警察官、海上保安官、消防員などの保安職で、七・二‰である。

予期しない夫の稼得能力の低下は離婚率を高めるという。これには失業が当てはまるだろう。たしかに離婚件数の推移と男性の完全失業率の推移は似た傾きを示す。しかし、それだけで男性の完全失業率と離婚に相関関係があると結論づけてしまうのは早計である。疑似相関の可能性を否定しきれないからである。橘木・木村（2008）では、失業と離婚の関係について見るために、都道府県ごとの失業率の変化と離婚率の変化の関係性について分析したところ、失業率が大きく上昇した地域ほど離婚率も大きく上昇していた。やはり失業は婚姻関係を解消するほどの大きなショックとなりうるのだ。

前章までで見てきたように、多くの人は愛情や外見、価値観などで恋人や結婚相手を決める。しかし結婚生活の寿命は、より客観的な要素によって決定される面が大きい可能性がある。

養育費制度の破綻

離婚について賛否はあるものの、夫婦生活を送っているときの効用よりも、別々に独身生活を送ったときの効用のほうが高いのならば、客観的に見て、離婚は望ましい選択である。

しかし、離婚した夫婦の間に子どもがいる場合には、また別の問題が生じる。一九六〇年頃までは、夫が親権をとる比率と妻が親権をとる比率はほぼ半々であった。子どもは「婚家の跡継ぎ」という意識が強く、女性は今以上に経済的に弱かったので、夫の家で面倒を見られるケースが多かったのである。しかし、低年齢の子どもほど母性優先の原則が働くなどの事情により、親権が母親に優先されるようになったこともあり、現在では母親が親権をとるケースが全体の八、九割を占めている。「跡継ぎ」といった思考が弱まったこと、そして昔に比べて女性に経済力がついてきたことを反映しているのだろう。

その結果、父親が送る養育費を用いて、母親が子どもを育てる、というのがもっとも一般的な形となる。養育費の趣旨は、別れた夫婦の間に生まれた子どもに対して、離婚する前と同じ生活レベルを保障するために、それぞれの経済力に応じて負担する、というものだ。しかし実際には、離別した父親から養育費を受け取っている母親はわずか一九・七％にすぎない（厚生労働省平成二三年度「全国母子世帯等調査結果報告」）。

夫婦の多くは協議離婚という方法で婚姻関係を解消する。だが、その過程において、養育費や共有財産、慰謝料など金銭に関することについて離婚協議書をもって取り決めをしている母子世帯の比率は三七・七％にとどまる。なぜ取り決めをしていないかという質問に対して、「相手に支払う意思や能力がないと思った」という回答が四八・六％ともっとも多かった。養育費制度そのものには養育費を払うインセンティブはあらかじめ備わっていないし、離婚に際して取り決められた養育費を払わなくても罰則はない。このことから、制度が機能していない実情が垣間見える。

養育費を送らない人に対して、倫理観・責任感の欠如を問う声も大きい。だが、厚生省大臣官房統計情報部（1997）によれば、四〇％の非親権者が別れた子どもと「まったく会わない」と答えている。日が経つにつれて子どもに対する関心を失っていくなか、破っても咎めのない約束ならば、養育費を送るインセンティブはない。ましてや再婚すれば、新しい家庭を支えることで精一杯となる。

橋木・浦川（2006）では、母子世帯の半数以上が貧困層に属し、苦しい生活を余儀なくされていることが指摘されている。そして、「平成十八年度全国母子世帯等調査」によれば、母子世帯の約八割は離婚が原因で母子世帯になっている。離婚後の所得移転や所得保障としての養育費制度がうまく機能していないため、離婚した母子世帯は貧困に陥る。それが現実である。

先ほど述べたように、日本では教育水準が低い女性ほど離婚リスクが高まる。同じような教育水準の男女が結婚しやすい傾向を考え合わせると、夫の稼得能力が低い家庭の妻ほどより大きな離婚リスクにさらされている。また、そのような家庭の妻ほど自分自身の稼得能力も低い可能性があるので、離別するとただちに貧困家庭になる可能性がとても高くなる。しかも離婚後の生活保障を夫に求めることも難しい。

離婚で貧困に陥らないために

このような問題を解決するためには二つの方法が考えられる。ひとつは離婚後の所得についての保障を強化することである。離婚協議書をもって取り決めをすることなく離婚する夫婦が大半であることを先に述べた。このようなケースでは養育費の支払いが不完全なために貧困に陥っている可能性が高い。したがって、公正証書を作成するか、養育費支払いの判決などを取得し、養育費の不払いがある場合には、相手方の給料などを差し押さえることにより、必ず養育費を払うようにさせることが考えられよう。

ただし、これにはすぐに反論の声が上がる。元の配偶者が同じ階層に属しているならば、取り決めを行ったところで、支払うだけの経済的余裕はないだろう、と。養育費徴収の制度設計については、ほかの問題も引き起こすので、ここではこれ以上述べないことにする。

もうひとつは、母子世帯の母親の収入を保障することである。母子手当を充実させる、あるいは、一人で子育てをしながら働ける環境を整える。

共白髪(夫婦ともに白髪になるまで長生きすること)が昔と比べて一般的ではなくなっている現下では、専業主婦として夫の仕事を支えるライフコースはリスクの高い選択と言えよう。しかし、だからといって、「個人の選択の結果だから」と貧困に苦しむ母子世帯の女性を責めるべきではない。なぜなら、わが国の就業構造や階層構造の問題でもあるからだ。

それでも、離婚して貧困に陥るリスクに対し、なるべく男女ともに備えることは重要だ。とくに女性はそのリスクが高いので、より意識的に、自立して生活していけるだけの経済的基盤を準備し整えておく必要があるだろう。

本章では、離婚のメカニズムについて経済学の視点から分析を行った。一九六〇年代初頭以降、わが国の離婚件数や離婚率が上昇している背景と、離婚に至る夫婦の要因について考察した。経済成長率が高い時代は、夫は仕事、妻は家事と、まるで企業のように分業することで結婚の安定を図っていた。しかし、低成長経済の下で夫婦生活が不安定なものとなったことや、結婚観の変化によって、離婚はごく普通の事象となった。自分もいつかは離婚するかもしれない、という考えを必ず念頭に置いて、女性は自らの就業選択の可能性を広げるよう行動すべきだろう。一方で男性も、離婚すれば家事、育児の困難に遭遇するので、日頃からそれらの活動に参加して慣れておくのがよいだろう。

そうすれば万が一、夫婦関係が壊れたとしても、離婚を境に貧困に陥るという、夫婦間格差のひとつの極地に沈んでしまうことは避けられるはずだ。

第6章　地域差を考える

これまで、本人をめぐる環境が婚姻行動を左右するとして、職業、収入、学歴、交友関係などに注目してきた。本章では居住地域という切り口からとらえてみよう。地方にいる人と、都会にいる人とでは、結婚に至る過程、そして結婚後の生活は違うのだろうか。夫婦の格差を考える際に都市と地方の違いは重要である。この点を論じて、本書を閉じることにしたい。

1 都市と地方

「○○さんの家の××ちゃんは、結婚して赤ちゃんができたんだって！ それなのにアンタは……東京の大学に行かせたのが間違いだったのよ、向こうで就職しちゃって。××ちゃんみたいに地元の短大に行かせればよかったわ。早くこっちに帰ってらっしゃい」

「お母さんは、アンタの年齢にはもうお嫁に行ってたわよ！ 東京の会社の同い年の子は結婚しとらんかもしれんけど、こっちじゃ皆お母さんなんよ……もしかして、『おひとりさま』とか言うて、一生結婚しないつもり？」

都会で暮らす地方出身の若い女性ならば、一度は聞かされるであろう、娘の結婚に口出しをする母親の小言である。「地方にいれば結婚は早まり、都会に出ると晩婚になる」という。地方は都会に比べて遊ぶところがなく、より早く身を固めやすい、盆正月に親戚が集まっては結婚を促す、あるいは無理やり縁談話をもってくる……いろいろな理由で、都会に比べて結婚の時期が早まる、と言われている。母親の小言が正しければ、都市では地方より初婚年齢の上昇による晩婚化と、そもそも結婚しない未婚化が進んでいると考えられる。

都市に住むと結婚しないのか

わが国における地域別の結婚動向に関する研究は、一九五〇年代から八〇年代にかけての民俗学や社会人類学による研究が発端となった。九〇年代以降は人口学や地理学の視点から晩婚化・未婚化の地域差について研究がなされてきた。そこでは主に都道府県別の平均初婚年齢や有配偶率に焦点があてられていた。

「人口動態調査」を見てみると、二〇一〇年の男性平均初婚年齢がもっとも高いのは東京都で三十一・八歳、二番目は神奈川県の三十一・三歳である。もっとも平均初婚年齢が低いのは宮崎県の二十九・五歳、次点は同値で佐賀県と徳島県の二十九・六歳である。一方、女性でもっとも高い都道府県は東京都の二十九・九歳、二番目も男性と同様に神奈川県で二十九・四歳である。もっとも平均初婚年齢が低いのは福島県で二十七・九歳、二番目は青森県と山形県の二十八・一歳である。

この都道府県別の平均初婚年齢の差について、「散らばりの程度」を表す標準偏差という指標を使って見てみたい。この標準偏差は最小値をゼロとし、データの「散らばりの程度」が大きいほど、大きな値をとる。夫の都道府県別初婚年齢の標準偏差は一九七五年には〇・三七であった。これが八五年には〇・三二に、九〇年には〇・三一まで縮小している。しかし九五年には〇・三五、二〇〇〇年になると〇・四六、二〇一〇年には〇・四七まで拡大した。同様に、妻の初婚年齢の標準偏差は七五年に〇・三九であったものが九五年には〇・三三まで縮小した後、二〇〇〇年に〇・三六、二〇一〇年には〇・三八と上昇している。

このことから、平均初婚年齢の上昇具合は地域によって異なること、そして標準偏差を県間格差ととらえて差し支えないとすれば、県間格差が一九九〇年代に縮小した後、二〇〇〇年代になって再び拡大していることがわかる。

では次に、母親が危惧している「おひとりさま」について検討してみよう。第4章で触れたように、二〇一〇年時点で五十歳を迎えた男性の生涯未婚率の全国平均は二〇・一%、女性は一〇・六%に達しており、男女ともに生涯未婚率がもっとも高い都道府県は東京都である。東京のような大都会では、晩婚化も未婚化もともに進んでいることがわかる。

ここまで晩婚化・未婚化について都道府県別に見てきたが、これらが都市・地方ゆえの差なのか、各都道府県の地域差なのかわからない。ここで、地域差の要因について考えてみよう。

母親の小言によると、娘が晩婚・未婚である要因は「大学への進学」と「東京での就職」である。一般に晩婚化・未婚化の問題が取り上げられるとき、女性の高学歴化・経済的自立に焦点があてられる。これは、女性の高学歴化（四年制大学、大学院への進学を指す）と経済的自立が女性自身の晩婚・未婚を、ひいては、男性の晩婚・未婚を促進しているという論理である。

ここで、高等教育進学および経済的自立によって得られる社会的地位と初婚年齢の関係について、二つの論理を紹介したい。

まずどちらか一方が社会人でないかぎり、学生の間は収入がなく、相手の未来も不確実なので結婚を控える。さらに、長い修学期間中に得た教育を元手に社会で活躍しようとするため、結婚を遅らせる、あるいは結婚自体を回避する。すなわちリスクを回避するのである。独身時代に仕事へ振り向けられた時間、すべて自分のために使えた収入を、結婚することで家庭のために削られてしまうのを避けるために、なかなか結婚しないのだ。

一般的に、高学歴であるほど高所得を得ることができ、都市に行くほど仕事があると考えられているため、高い学歴や仕事を求めて地方から都市に出てくる人は多い。そのため、都市の晩婚化・未婚化が進むということになる。

規模別に考える

しかし、都市や地方と言っても、さまざまである。たとえば、日本のなかで一番栄えている都道府県と言えば東京都だが、大自然で有名な奥多摩を都会ととらえるには無理がある。また同様に、地方とされる都道府県のなかでもその一帯では際だって栄えている地域がある。たとえば、札幌市や福岡市を田舎だとする人はいないだろう。ましてや、その都道府県のなかで田舎とされる地域に住む人にとっては、札幌・福岡両都市は都会に相違ない。先ほど晩婚化・未婚化がもっとも進んでいるのは東京都であると述べたが、都内二三区と奥多摩の晩婚化・未婚化進行状況はまったく異なるに違いない。

これは、果たしている機能によって地域を整理することで解決する。大都市、中核都市、小都市、都市近郊、中山間地、山間地など都市規模別に考えてみよう。そこで筆者は、奈良県の市町村三つ、奈良市と斑鳩《いかるが》町、天川《てんかわ》村を取り上げた。これに大阪市を加えた四つの都市を比べることで、大都市、中核都市、都市近郊、山間地と、都市規模別の婚姻行動を分析できると考えたためである。

奈良県の県庁所在地である奈良市は奈良県の北部にあり、三六万人からなる中核都市である。斑鳩町は奈良市内へも大阪市内へも、電車で一時間ほどでアクセスでき、大阪のベッドタウンの機能を果たしている。天川村は奈良市内から車で二時間ほど離れた山間の町である。

四つの都市の年齢別未婚率を図6―1と図6―2で示した。男女ともに平均初婚年齢(男性二十九～三十歳、女性二十八～二十九歳)前後に注目すると、天川村の男性をのぞけば、都市規模が小さくなるにつれて未婚率が低下しているのがわかる。都市部から離れ

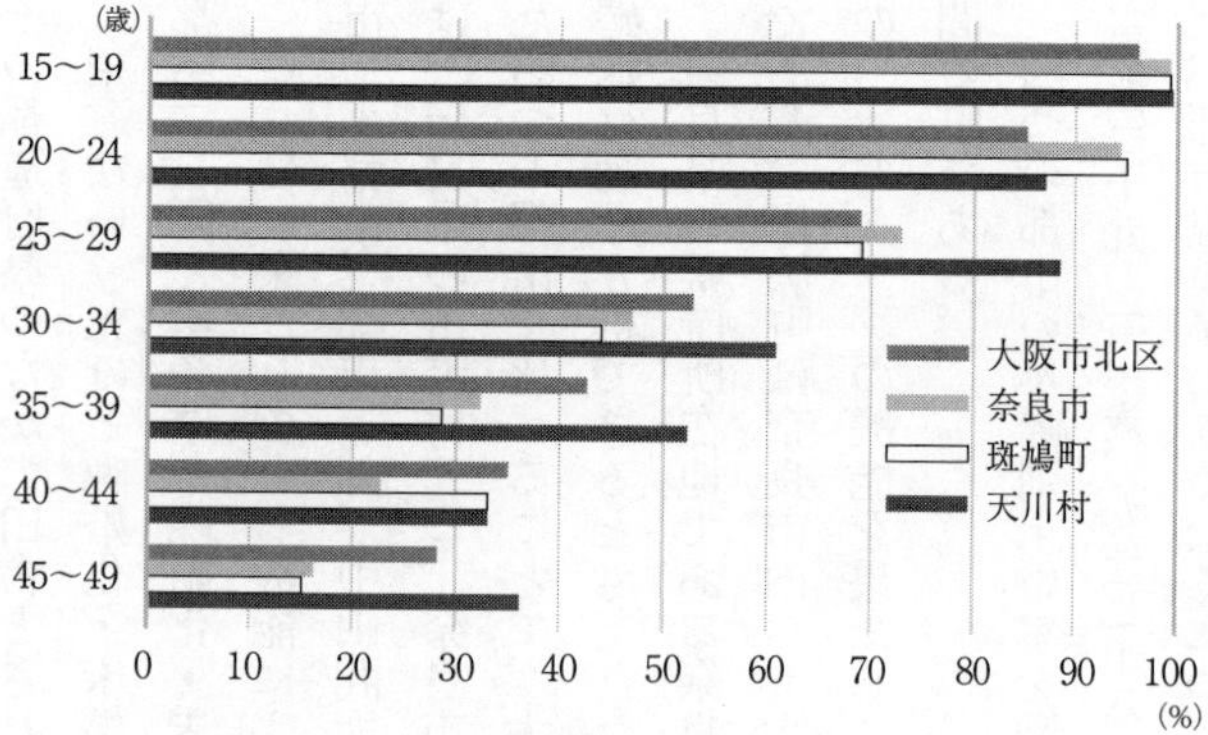

図 6—1　都市規模別・年齢別に見た未婚率（男性）
「平成 22 年国勢調査」より作成

るほど未婚率が低下する理由は、二つ考えられる。先ほども述べたように、都市に住む人ほどキャリアを求めるためである。逆に都市から離れるほど、キャリアとの物的距離・心的距離が遠くなるのか、キャリア志向が弱まり、結婚へのハードルが低くなる。

もうひとつは、女性のみに言えることだろうが、結婚しないために仕事をやめることができず、都市に残り続けるためである。地方から都市に出てきた人だと、地元には学歴に見合う仕事がないので、地方に戻ることもできず、都市に残って仕事を続けるほか道がない、というケースである。

山間地をのぞけば、都市規模が小さくなるにつれて男女ともに未婚率はたしかに低くなる。

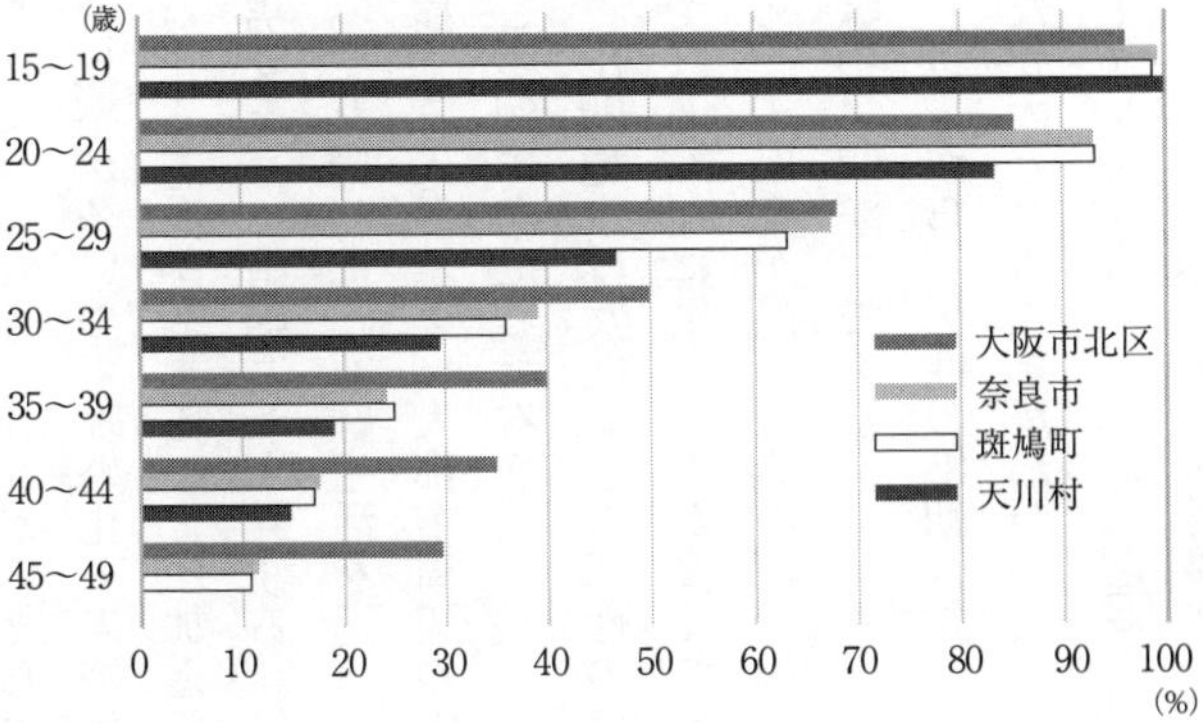

図6―2　都市規模別・年齢別に見た未婚率（女性）
「平成22年国勢調査」より作成

しかし、山間地における未婚率については大きく男女差が生じている。天川村の未婚率に注目してほしい。たとえば四十五〜四十九歳の女性の未婚率は〇・〇五％であり、結婚していない者はほぼいない。一方、同年齢の男性の未婚率は上昇に転じているうえ、三六・三六％の高さである。

やや複雑な話になったので、これまでのまとめをしよう。わが国において、地域性の違いは婚姻行動の差にも表れている。未婚率を都市規模別に見ると、女性は都市規模が小さくなるにつれて未婚率が減少する。一方、男性の場合は都市部で高く、都市近郊で低く、山間地でまた高くなり、U字型を描く。その背景として、より高い教育機会や仕事、あるいは自由を求めて都市に行く女性の存在が考えられる。大都市では、仕事が理由となって結婚をしない人の比率が多いので晩婚化・未婚化が進んでいる。都市から離れていくほど、キャリアに対する志向が弱まることに加えて、地域での親族・近隣住民からの婚姻圧力が高くなり、男女ともに婚姻率が上昇する。

また同時に、家庭生活を送るために、大都市から離れ、中核都市・近郊地域に住居を構える人が増え、大都市周辺の中核都市の既婚率が上昇するとも考えられる。奈良市がこの例にあたるだろう。

山間地では女性よりも男性のほうが深刻な結婚難問題を抱えている。過疎に悩む農村ではどんなに婚姻圧力が高くても、結婚相手となるような未婚女性がそもそもいないため、未婚率が高くなるのだと思われる。マスメディアなどでよく耳にする「農山村の花嫁不足問題」である。

以上から、男性の婚姻行動において、女性の存在(「結婚市場における男女比」)が重要な要因となることがわかった。また、男性の就業状態・賃金も婚姻行動の地域差に影響している。北村・宮崎(2005)は「国勢調査」を用いて、全市区町村の三十五〜五十九歳男性の婚姻率と同年齢階級の男性就業率の関係を分析し、就業率が高い市町村において男性の婚姻率が高くなっていることを示している。ただ都会では、男性の未婚率が非常に高くなっている。したがって、婚姻行動をめぐっては、家族意識や婚姻圧力など、そのほかにもさまざまな要因が考えられる。

2　出会いから結婚後まで

出会いの地域差

次は、都市規模別に、どのようなきっかけで配偶者や恋人と知り合うかについて取り上げる（表6―1）。

ここでは男性を重点的に論じたい。なぜなら既婚女性が配偶者と出会ったきっかけは、都市・地方ともに「職場や仕事の関係」の次に「友人や兄弟を通じて」を挙げる比率が高く、都市と地方で大きな差がない。おそらく、女性は結婚の際に夫とともに居住地域を移動するためと考えられる。

さて、二十代男性が配偶者と知り合いになったきっかけは「職場や仕事の関係」がもっとも多く、都市と地方で共通している。次点は分かれる。都市では「学校」なのに対

者・恋人と知り合いになったきっかけ

(%)

友人や兄弟を通じて	見合い（親せき・上司の紹介も含む）	合コンやパーティ	結婚相談所	街なかや旅行先	アルバイト先	インターネット	その他
17.7	0.6	5.6	0.7	1.9	9.8	6.5	1.4
20.0	0.4	6.7	0.0	1.4	9.7	7.0	4.4
13.2	0.0	7.2	0.0	3.2	7.6	6.1	2.9
14.6	0.4	6.2	0.4	0.8	10.9	11.7	2.5
19.0	2.3	12.9	2.6	2.1	3.3	9.2	2.6
19.0	3.9	13.3	1.8	1.3	4.1	9.7	2.8
19.0	0.8	8.7	0.0	4.4	4.3	18.2	2.4
17.5	1.8	11.8	0.9	4.7	5.8	15.9	3.3
16.7	1.0	8.6	0.7	2.5	7.0	10.0	2.7
20.0	0.0	5.6	0.7	2.0	10.2	8.9	2.5
23.0	0.3	5.7	0.3	2.3	8.0	8.3	3.9
15.0	0.0	5.8	0.0	3.3	8.4	7.0	3.6
15.4	0.0	5.7	0.0	0.8	9.9	12.1	4.8
18.9	2.1	12.0	1.8	3.0	5.1	10.2	3.3
22.6	4.0	11.5	1.6	2.5	4.0	9.6	4.3
14.2	0.5	8.0	1.6	2.6	6.1	13.8	2.6
17.1	0.7	5.7	1.0	5.0	4.2	11.1	2.7
17.3	0.6	7.1	0.6	2.6	7.7	9.6	3.5
17.0	0.8	7.8	0.7	2.6	7.4	9.8	3.1

表 6—1　都市規模別に見た、現在の配偶

				学校	学校以外のサークルやクラブ活動・習い事	職場や仕事の関係	幼なじみ・隣人関係	地域の活動	ボランティア活動
男性	20代	既婚	都市(N=243)	23.2	5.0	25.6	0.8	0.4	0.7
			地方(N=166)	16.7	6.6	24.1	1.8	0.6	0.4
		恋人あり	都市(N=612)	31.0	10.5	15.7	0.7	1.1	0.7
			地方(N=324)	26.3	7.2	16.8	1.3	0.4	0.4
	30代	既婚	都市(N=298)	7.5	6.7	29.5	0.2	1.5	0.7
			地方(N=206)	5.9	6.3	29.8	0.7	0.8	0.6
		恋人あり	都市(N=296)	5.3	6.1	28.5	0.8	0.8	0.5
			地方(N=158)	5.1	6.7	25.0	0.6	0.9	0.0
	男性合計		(N=2305)	18.1	7.5	22.8	0.8	0.9	0.6
女性	20代	既婚	都市(N=315)	14.3	5.2	27.6	1.6	0.7	0.7
			地方(N=218)	17.3	3.7	25.3	1.5	0.3	0.1
		恋人あり	都市(N=750)	26.5	8.7	20.2	1.3	0.0	0.0
			地方(N=389)	25.1	6.3	17.3	1.5	0.4	0.8
	30代	既婚	都市(N=274)	6.4	5.1	30.2	1.0	0.8	0.2
			地方(N=175)	6.0	4.9	27.4	0.3	0.3	1.1
		恋人あり	都市(N=279)	3.1	4.6	40.9	0.5	0.0	1.3
			地方(N=128)	6.1	5.7	40.8	0.0	0.0	0.0
	女性合計		(N=2529)	16.8	6.2	26.0	1.1	0.3	0.5
合計			(N=4833)	17.4	6.8	24.5	1.0	0.6	0.5

注）対象は，既婚者と，未婚者で恋人がいると回答した者．
　「既婚」は，結婚3年以内．
内閣府政策統括官「結婚・家族形成に関する調査報告書」より作成

表6—2　都市規模別に見た「未婚（恋人なし）」,「未婚（交際経験なし）」

		男性	女性
20代前半	都市	30.7, 33.1 (N=1011)	27.4, 21.2 (N=946)
	地方	24.9, 42.5 (N=621)	27.0, 26.2 (N=585)
20代後半	都市	32.3, 17.9 (N=983)	25.8, 8.8 (N=886)
	地方	29.1, 26.2 (N=643)	24.0, 15.9 (N=556)
30代前半	都市	33.2, 18.3 (N=771)	29.9, 8.5 (N=609)
	地方	32.1, 22.8 (N=522)	30.7, 11.5 (N=362)
30代後半	都市	40.2, 20.6 (N=562)	41.8, 10.0 (N=368)
	地方	39.4, 25.6 (N=371)	39.7, 14.1 (N=204)

内閣府政策統括官「結婚・家族形成に関する調査報告書」より作成

して、地方では「友人や兄弟を通じて」を挙げる比率が多い。「学校」「職場や仕事の関係」「アルバイト先」などで形成される縁を後天的なものとしてとらえてみよう。この三ヵ所で出会う人の割合の合計は、都市は五八・六％、地方は五〇・五％となり、都市に住む人のほうが後天的に形成される社会経済環境において配偶者と出会っていることがわかる。一方、「幼なじみ・隣人関係」「地域の活動」「友人や兄弟を通じて」、といったかたちで形成される縁を先天的なものとしてとらえると、都市は計一九・五％、地方は計二二・四％となり、地方のほうが地縁・血縁により配偶者と出会っていることがわかる。女性についても同様の計算を行ったが、男女の間でとくに差は見られなかった。

さらに、未婚者の交際状況について都市と地方に分けて見てみよう。表6―2で確認してほしい。男女全体で、未婚で恋人もいない、または交際経験のない人が合計して約五割いるなかで、性別や年齢に関係なく、地方では未婚で恋人がいないあるいは交際経験のない人が都市に比べてわずかだが、多い。しかしそれ以上に注目すべきなのは、「交際経験なし」と回答した人の比率が、地方のほうが男女とも全年齢層において高いことである。地方に住む二十代前半の女性の二六・二％に交際経験が一度もない。同じく二十代前半の男性にいたっては実に四二・五％にも達するのだ。

ここまで都市と地方での恋愛やその出会いの差について検討してきた。既婚者の多い地方では、意外にも恋人がいる人の比率は低く、男性について言えば異性と交際したことのない人の比率も高い。一方、未婚者の比率が高い都市では、地方とは異なって、恋人のいる人の比率は高い。このことから地方では恋人のいる人はそのまま結婚し、恋人のいない人は未婚のまま、都市では恋人がいても結婚につながらないことが考えられる。

これは、都会の人間はおしなべて異性とのつき合いに開放的である、という意味ではなかろう。これには三つ仮説が挙げられる。ひとつ目は婚姻に対する圧力である。地方では婚姻への圧力がまだ高いので、恋人がいる人は結婚に結びつきやすいのに比べて、都市では核家族化や一人暮らしのために圧力が弱まっている。二つ目は経済力である。都市に住み続けるにはお金がいる。そのため、結婚に必要な経済力をつけるのが難しい。高所得の人は結婚に踏み切れても、低所得の人は経済力不足ゆえに結婚に踏み切れない場合もあるだろう。そして最後は、経済学のサーチ理論という考え方で分析できる。交際相手として適当かどうかをすべての人を調べることはできないので、今知っている人のなかからもっとも適当な人を見つける、ということである。したがって、人口の多い都市では、今の恋人よりも魅力的な人にめぐり会う機会が多く、なかなか結婚に踏み切れないのだろう。

妻は働くか

結婚したカップルはその後どんな暮らしを送るのだろうか。近年、「専業主夫」や「イクメン」など、従来は主に女性が担ってきた家事・育児をこなす男性を表す用語が広まった。しかし、まだまだわが国では夫が働いて家計を担い、妻はパートか専業主婦という夫婦（「男性稼ぎ主」型夫婦）が多い。

ここでは、妻と仕事の関係に注目したい。女性の労働力率を年齢階級別に見たとき、若年層と中年層をピークとするM字カーブを描くことにはたびたび触れた。学校を卒業して社会に出て働くものの、結婚・出産を契機として仕事をやめ、子育てが落ち着いたらパートなどで再び労働市場に戻る女性が多いためである。では、この労働力率に地域差はないだろうか。また、差があるとしたらなぜだろうか。

橋本・宮川（2005）を参考にして、二十五～四十四歳の既婚女性の都道府県別就業率について確認しよう（同論文は「国勢調査」を資料として用いている）。トップは山形県の七三％である。続いて、島根県、富山県、福井県、新潟県、鳥取県、とすべて日本海側の県が並ぶ。一方、日本三大都市を抱える東京都は四七・四％、愛知県は五三％、大阪府は四四・八％である。関西圏・関東圏の都府県について見ると、いずれも四五％から五〇％強程度にとどまっている。

先に挙げた日本海側の県を地方、東京都、愛知県、大阪府を都市とみなして、年齢階級別労働力率を比べると、地方の労働力率も三十代半ばに一度低下するが、都市と比べると非常にゆるやかで、さらにその期間は短い。二十五〜二十九歳時点での労働力率と同程度に戻るまでに、地方では最長でも一〇年程度なのに対して、都市では最長二〇年近くかかる。つまり、地方ではM字の谷はなだらかで浅いのに対して、都市のM字の谷は傾斜がきつく深いのだ。就業形態についてはどうだろうか。安部・近藤・森（2008）は都道府県別・年齢階級別に見た既婚女性の就業パターンを求めている。上述の日本海側にある県の、既婚女性の正規雇用就業率は、首都圏（安部・近藤・森〔2008〕では「埼玉県・千葉県・東京都・神奈川県」と定義している）よりも最大で三〇ポイントほど高いことを示している。

都市に住む既婚女性は、都市で激しく働く夫を支えるべく、なるべく妻は働きに出ず、育児に手をとられなくなってから労働に復帰するのだろうか。図6―3は、橋本・宮川（2005）が「国勢調査」を用いて「三十代既婚男性の週六〇時間以上就業率」と「三十代既婚女性の就業率」を都道府県別に図示したものである。これを見るに、長時間労働を行っている既婚男性が多い都道府県ほど、妻が就業していないことがわかる。この図だけでは、「夫が長時間労働をしているから妻の就業が抑制されている」のか、「妻が就業していないから（妻の内助の功があるから）夫が長時間労働できている」か、判断で

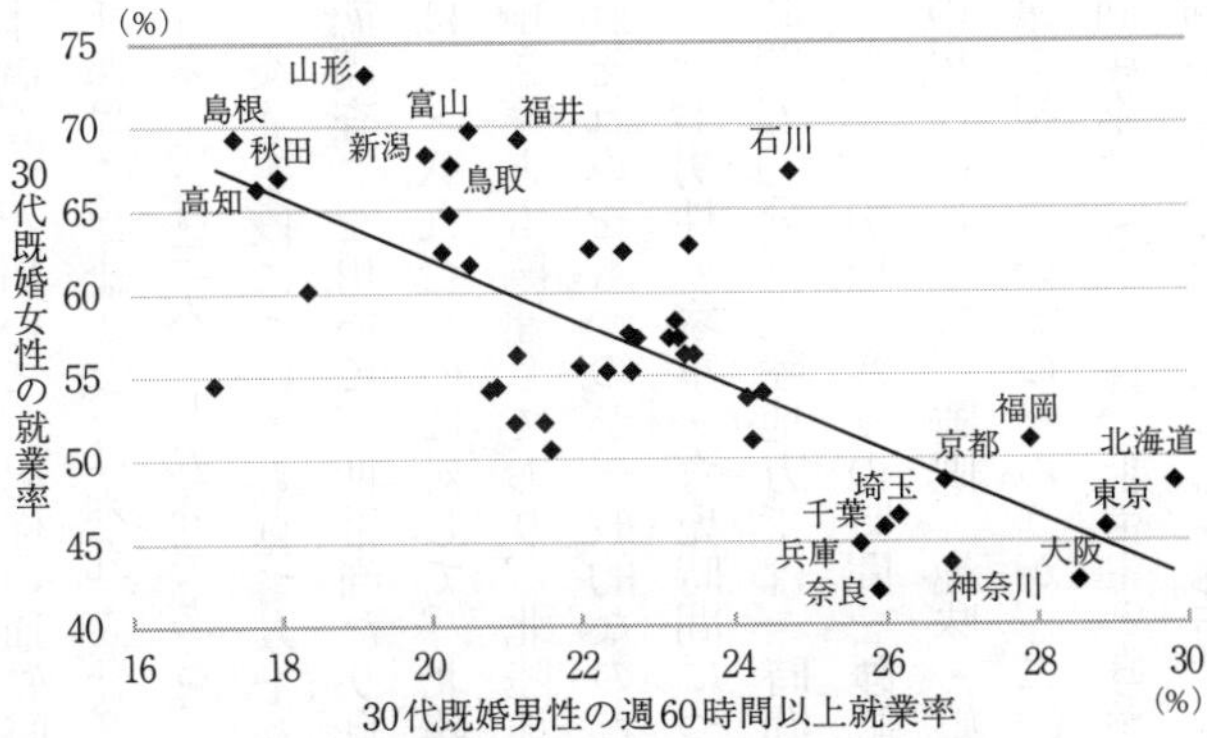

図6—3　30代既婚男性の週60時間以上就業者率と女性就業率
橋本・宮川（2008）より作成

きない。しかし、わが国は欧米に比べると男女間の賃金格差が大きく、女性の賃金水準は男性に比べて一般に三割ほど低い。このことから、長時間労働をして高い賃金を得ている夫を優先して、自らは就業しない妻が多いと予想される。

就業しているかどうかという点だけではなく、夫婦の時間という側面からも見てみよう。橋本・宮川（2008）では、有業男性（二十五～四十四歳）の労働時間（仕事と通勤時間の合計）は、関東大都市圏では一一時間五分、北陸地方では一〇時間二四分と、一日当たり四一分ほど大都市圏のほうが長いことを明らかにしている。就業形態別に見た場合でも同様に、大都市圏の男性の労働時間のほうが長い。

また、二〇〇五年に実施された「社会生活基本調査」を用いて、男性の通勤時間について見ると、関東大都市圏（東京都・神奈川県・千葉県・埼玉県）では六九・五分なのに対して、北陸地方（新潟県・富山県・石川県・福井県）では三六・七五分である。

交通手段についても見てみよう。総務省が発表している、「平成二十一年全国消費実態調査」を用いて、世帯当たり自動車普及台数を見てみると、大都市圏の自動車保有率は〇・八九台なのに対して、北陸地方では一・七二台とその差は歴然である。これは共働き率とも関連しており、北陸地方では共働きするための通勤手段として、夫と妻がそれぞれ車をもつのが一般的なのだろう。

なお男性の家事・育児時間について見てみると、関東大都市圏では一時間一一分と一時間五〇分、北陸地方では一時間二分、一時間四〇分と、大差がない。

以上を引いた残りの時間を睡眠や余暇だと考えると、北陸地方の男性は関東大都市圏の男性に比べて、睡眠、趣味・娯楽に費やせる時間が長いことがわかる。では、誰が家事を担っているのだろうか。二〇一〇年の「国勢調査」を用いて、都道府県の「三世帯同居率」（ここでは、世帯主と直系世代〔祖父母・父母・孫など〕のうち、三つ以上の世代が同居している世帯のこと）を見てみよう。もっとも高いのは山形県の四五％、次いで福井県の三七・七％、秋田県の三七・六％、新潟県の三六・五％と北陸地方の三世帯同居率が高いことが見てとれる。北陸地方を核として、地方の妻は三世代同居で暮らし、外で働く。都市の妻は核家族での生活をし、専業主婦として暮している。そんな生活の傾向が見えてくる。このことは、第1章で紹介した山田（2010）の指摘とも整合的である。

都市は専業主婦、地方は共働きの理由

このように、都市では「夫が働き、妻が専業主婦」、地方では「親との同居・近居のもと、夫婦共働き」という夫婦の形が見えてきた。では、なぜ都市に住む妻は専業主婦で、地方に住む妻は働くのだろうか。

まず、都市に専業主婦が多くいるのは、専業主婦を生み出した歴史的経緯による。高度成長期には、労働者の地域間移動が非常に激しかった。都会で賃金の高い働き口が増えると、地方から都市に人が集まる。すると、今まで家族総動員で働いてやりくりしていた生活が一変して、男性一人分の稼ぎで暮らせることになり、妻は家庭内の家事に専念するようになった。

しかし時代は変わった。本書の主張は、「ダグラス・有沢の第二法則」が崩れつつあ

ること、すなわち「高所得の夫をもつ妻も、自らの意思で働く」ということだが、それでは今、何が地方の妻の就業を促進し、都市の既婚女性の就業を阻んでいるのだろうか。

第一に、地方で働く人の平均年収は、都市よりも低いので、妻も働かなくてはならないということが挙げられる。平成二十三年の「就業構造基本調査」を用いて、給与所得者の平均年収を都道府県別に見ると、もっとも高いのは東京都の六〇一万円、次いで神奈川県の五四三万円、大阪府の五二九万円である。反対に、もっとも年収が低いのは青森県の三三五万円、次いで沖縄県の三四三万円、秋田県の三六一万円であり、地方と都市の違いは歴然としている。地方暮らしのほうがお金がかからないとはいえ、一定水準の世帯所得を確保するために就業せざるをえない状況が推測できる。先述のとおり、専業主婦とは高度経済成長期の産物であり、それまでは限られた上流階級の夫人にしか許されない生き方であった。

第二に、労働需要や産業構造の違いがある。Abe (2011) は、日本海側の県の女性の賃金は男性に比べてそれほど高くないにもかかわらず、正規雇用の職に就いている女性が多いことを指摘している。そして、従事する産業の違いがある。地方では共働きといっても、都市のように企業に勤めるだけではなく、自営業や農水産業の割合も高い。家業を営む家に嫁いだ妻ならば、自ずと商店や漁業の手伝いをすることになるだろう。

一方、「就業構造基本調査」を見ると、関東大都市圏では、働きたいと思いながら求職活動をしていない妻が約一六％程度おり、全国的に見てもその比率が高い。これはなぜだろうか。ひとつには、本人のもつキャリア（学歴、社会経験、資格）が欠けており、都市で暮らすのに必要な賃金を稼げる仕事に就けないことが挙げられる。その反対に、キャリアをもっていても、子育てなどで働くことが難しく、キャリアにふさわしい賃金を得られないので働かないという面もある。

「就業構造基本調査」は「働きたくても働けない」と答えた女性にその理由を聞いている。回答のうち、「家事・育児や通学のために仕事が続けられそうにない」とする比率が一番高かった。たとえば平日の日中数時間だけ勤務できたり、子どもが体調不良を起こしたとき柔軟に勤務を変更できたりするような仕事は少ない。また、子どもを預けたくても保育所にもなかなか入所できない。周（2012）の推定によると、二〇〇人以上の待機児童を抱える都市部では、「貧困なのに専業主婦となる」リスクが高い。保育所には「認可保育所」と「認可外保育所」（別の呼び方もある）があり、後者は非常に高い保育料を求められる。自分の賃金に匹敵するほどの保育料を支払うくらいなら働かない、というのは当然の発想だろう。

それに比べて、地方に住む妻は、義理の親、あるいは自らの親との同居になる確率が高く、祖父母世代に子どもの面倒をみてもらえるなど、都市に住む核家族の妻より手厚い就業支援を受けられる可能性が高い。

しかし、前章の「離婚による格差」で見たように、「家族」という主体が昔のように強固なものではない現在、どのようなライフコースを選択しても安心、安全に社会活動が行えるよう、制度や設備を整えておく必要がある。その一つとしては、認可保育所の拡充が挙げられる。これは現在子どもを持つ既婚女性だけでなく、これから結婚・出産をしたいと考えている女性にとっても、政策のアナウンス効果があり、結婚・出産に踏み切る効果をもたらすに違いない。

第6章では、将来夫婦となる二人の出会い、結婚、その後の夫婦生活を、地域という切り口でとらえた。都市規模という変数を用いて結婚の地域差を考えたとき、女性は都市規模と未婚率が反比例しているのに対して、男性のそれはU字型を描いていることがわかった。すなわち、男性は女性の存在によって結婚できるか否かが左右されがちなのに対して、女性の婚姻行動は自らのライフコース選択によるところが大きい。

「ダグラス・有沢の法則」が弱まり、「夫の収入」が女性の就労を決定する影響力は衰えた。しかし、女性自身のキャリア（学歴、社会経験、資格）に加えて、どの地域に住んでいるか、親と一緒に住んでいるか、子供を持つか持たないかなどの「選択」は依然として強く影響し、「働きたくても働けない」など、自らの生き方にも作用する。とくに、待機児童の問題でわかるように、居住地域によって福祉に差異があることは、それこそ「地域格差」であり、福祉制度のあり方として望ましくないだろう。生活の地域差を小さくし、どこに住んでも望んだ生き方をできるよう、家族を支える福祉サービスを設けることが必要だろう。

あとがき

本書の著者の一人（橘木）はこれまで格差に関するさまざまな話題に取り組んできた。たとえば、所得格差、資産格差、教育格差、学歴格差、地域格差、女女格差などである。日本は格差社会に入ったのか、という論争の先陣を切った者として、さまざまな分野の格差に関心が拡大したのは自然なことであった。一般に所得と資産の格差は家計を単位にして論じられるので、家計の核にいる夫婦間の格差に注目する必要があった。

本書をごく簡便に要約すれば次のようになる。これまでの日本は皆婚社会であったし、夫の所得が高ければ妻は働かず、低ければ働くという夫婦のあり方であったことが、家計所得の平準化に寄与してきた。一億総中流をもたらすひとつの要因だったのである。

ところが最近になって、夫の状態とは無関係に妻が働くことが一般的となったので、かえって夫婦の合算所得である家計所得の格差拡大を助長するようになった。妻が自立的に働くようになったことで、所得の高い妻とそうでない妻との格差が、夫婦間の格差拡大の原因となったのである。背後には、高学歴・高水準職業の女性の存在や非正規労働をしている女性の存在があるし、誰と誰が結婚するのかということも複雑にからんでいる。夫婦間の格差を決めるのは女性、あるいは妻の就業次第という時代なのである。

一方で皆婚社会は崩れ、結婚しない、あるいはできない男女が増加し、さらに離婚者の数も増加して、単身者の珍しくない時代となった。夫婦間の格差を論じるときは、一組の男女が夫婦となる結婚、夫婦をやめる離婚がどう進行するかを知る必要があるし、それが地域によってどう異なるかにも興味がわく。これらの話題に関しても突っ込んだ検討を試みたのが本書である。

最初は橘木による単著を企画していたが、夫婦というのは一組の男女の組み合わせなので、男の独り善がりな独断と偏見を制するために、女性の視点を加える必要があると気づき、橘木が迫田に共同研究の声をかけた。まだ大学院の学生という修行中の身なので多少荷が重かったかもしれないが、橘木の期待によく応えてくれた。ベテランと若手という異なる年齢の組み合わせも、同志社大学での師弟の枠を越えてうまく機能したと自負している。もっとも、できあがった成果については読者の評価を待たねばならない。

本書の出版は、中公新書編集部の田中正敏氏のご厚意とご支援によって可能となった。氏のご尽力に心より感謝したい。もとより本書に誤りがあったり主張に関することは、著者の責任にあることは言うまでもない。

二〇一二年十一月

橘木俊詔
迫田さやか

Research, 11 (14) pp. 395-420.
Weiss, Y. and R. J. Wills (1997) "Match Quality, New Information, and Marital Dissolution," *Journal of Labor Economics*, 15 (1), S293-S329

第6章

安部由起子・近藤しおり・森邦恵 (2008)「女性就業の地域差に関する考察―集計データを用いた正規雇用就業率の分析」『季刊 家計経済学』第80号、pp. 64-74
加藤彰彦 (2011)「未婚化を推し進めてきた2つの力―経済成長の低下と個人主義のイデオロギー」『人口問題研究』第67巻 第2号、pp. 3-39
北村行伸・宮崎毅 (2009)「結婚の地域格差と結婚促進策」『日本経済研究』第60号、pp. 79-102
工藤豪 (2011)「結婚動向の地域性―未婚化・晩婚化からの接近」人口問題研究』第67巻 第4号、pp. 3-21
厚生労働省雇用均等・児童家庭局 (2007)「平成18年度全国母子世帯等調査結果報告」
国土庁計画・調整局編 (1998)「地域の視点から少子化を考える―結婚と出生の地域分析」
周燕飛 (2012)「専業主婦世帯の収入二極化と貧困問題」JILPT Discussion Paper, No. 12-08
徳野貞雄 (1998)「農山村における『花嫁不足』問題」山本努・徳野貞雄・加来和典・高野和良『現代農山村の社会分析』学文社、第8章、pp. 171-191
内閣府政策統括官 (共生社会政策担当) (2011)「結婚・家族形成に関する調査報告書」
橋本由紀・宮川修子 (2008)「なぜ大都市圏の女性労働力率は低いのか―現状と課題の再検討」RIETI Discussion Paper Series, 08-J-043
Abe, Y. (2011) "Family labor supply, commuting time, and residential decisions: The case of the Tokyo Metropolitan Area," *Journal of Housing Economics*, 20(1), pp. 49-63

第4章
岩澤美帆（2010）「職縁結婚の盛衰からみる良縁追求の隘路」佐藤博樹・永井暁子・三輪哲編著『結婚の壁―非婚・晩婚の構造』勁草書房、第2章、pp. 37-53
橘木俊詔（1998）『日本の経済格差―所得と資産から考える』岩波新書
橘木俊詔（2006）『格差社会―何が問題なのか』岩波新書
橘木俊詔（2010）『日本の教育格差』岩波新書
橘木俊詔（2011）『無縁社会の正体―血縁・地縁・社縁はいかに崩壊したか』PHP研究所
橘木俊詔・髙畑雄嗣（2012）『働くための社会制度』東京大学出版会
田中慶子（2010）「友人力と結婚」佐藤博樹・永井暁子・三輪哲編著『結婚の壁―非婚・晩婚の構造』勁草書房、第9章、pp. 159-171
山田昌弘・塚崎公義（2012）『家族の衰退が招く未来―「将来の安心」と「経済成長」は取り戻せるか』東洋経済新報社

第5章
安藏伸治（2003）「離婚とその要因―わが国における離婚に関する要因分析」『JGSS研究論文集』(2)、pp. 25-45
加藤彰彦（2005）「離婚の要因―家族構造・社会構造・経済成長」熊谷苑子・大久保孝治編『コーホート比較による戦後日本の家族変動の研究』日本家族社会学会全国家族調査委員会、pp. 77-90
厚生省大臣官房統計情報部編（1997）「平成9年度人口動態社会経済面調査報告―離婚家庭の子ども」
橘木・浦川（2006）前掲
橘木・木村（2008）前掲
福田節也（2005）「離婚の要因分析」公益財団法人家計経済研究所編『リスクと家計―「消費生活に関するパネル調査」研究報告書』第4章
八代尚宏（1993）『結婚の経済学―結婚とは人生における最大の投資』二見書房
Raymo, J. M., L. L. Bumpass, and M. Iwasawa（2004）"Marital Dissolution in Japan: Recent Trends and Patterns," *Demographic*

Japan," *Inequalization Trend and Policy Options in Japan*, chapter 2, pp. 4-36, ESRI International Collaboration Projects, 2006

第２章

小倉千加子（2003）『結婚の条件』朝日新聞出版
加藤彰彦（2004）「未婚化・晩婚化と社会経済状況」渡辺秀樹・稲葉昭英・嶋崎尚子編『現代家族の構造と変容』東京大学出版会、第３章のⅠ、pp. 41-58
橘木俊詔（1997）『ライフサイクルの経済学』ちくま新書
橘木俊詔（2008b）『早稲田と慶応—名門私大の栄光と影』講談社現代新書
橘木俊詔（2009）『東京大学　エリート養成機関の盛衰』岩波書店
橘木俊詔（2010）『日本の教育格差』岩波新書
橘木俊詔・木村匡子（2008）『家族の経済学—お金と絆のせめぎあい』NTT出版
『AERA』2004年11月22日号
『プレジデント』2011年10月17日号

第３章

白波瀬佐和子（2010）「経済的困難を抱える非典型世帯の増大—ひとり暮らしとひとり親世帯に着目して」『生活困難を抱える男女に関する検討会報告書—就業構造基本調査・国民生活基礎調査特別集計』内閣府男女共同参画局
白波瀬佐和子（2010）『生き方の不平等—お互いさまの社会に向けて』岩波新書
橘木俊詔（2008a）『女女格差』東洋経済新報社
橘木俊詔・浦川邦夫（2006）『日本の貧困研究』東京大学出版会
橘木俊詔・森剛志（2005）『日本のお金持ち研究—Who are the rich?』日本経済新聞（出版）社
橘木俊詔・森剛志（2009）『新・日本のお金持ち研究—暮らしと教育』日本経済新聞出版社
中村真由美（2008）「法律家の仕事と家庭のバランスに関する調査」報告書、日本女性法律家協会
「日経メディカルオンライン」2007年10月16日号

参考文献

第1章

安部由起子（2006）「夫婦の学歴と妻の就業」小塩隆士・田近栄治・府川哲夫編『日本の所得分配―格差拡大と政策の役割』東京大学出版会、第9章、pp. 211-236

安部由起子・大石亜希子（2006）「妻の所得が世帯所得に及ぼす影響」小塩隆士・田近栄治・府川哲夫編『日本の所得分配―格差拡大と政策の役割』東京大学出版会、第8章、pp. 185-210

浦川邦夫（2007）「家族の変容と教育意欲の世帯間格差に関する考察」『経済学研究年報』No. 54、pp. 107-126

大竹文雄（2005）『日本の不平等―格差社会の幻想と未来』日本経済新聞社

尾嶋史章（2011）「妻の就業と所得格差」佐藤嘉倫・尾嶋史章編『現代の階層社会1　格差と多様性』東京大学出版会、第8章、pp. 113-127

小原美紀（2001）「専業主婦は裕福な家庭の象徴か―妻の就業と所得不平等に税制が与える影響」『日本労働研究雑誌』No. 493、pp. 15-29

橘木俊詔（1998）『日本の経済格差―所得と資産から考える』岩波新書

橘木俊詔（2006）『格差社会―何が問題なのか』岩波新書

橘木俊詔・浦川邦夫（2006）『日本の貧困研究』東京大学出版会

橘木俊詔・八木匡（1994）「所得分配の現状と最近の推移―帰属家賃と株式のキャピタルゲインの推計と併せて」石川経夫編『日本の所得と富の分配』東京大学出版会、第1章、pp. 23-58

真鍋倫子（2004）「既婚女性の就労と世帯所得間格差のゆくえ」本田由紀編『女性の就業と親子関係―母親たちの階層戦略』日本評論社、pp. 45-83

山田昌弘（2010）「子育て家庭における父親収入と母親就労の動向―全国消費実態調査の個票分析より」男女共同参画会議基本問題・影響調査専門調査会資料

Tachibanaki, T. and K.Urakawa（2007）"The Effect of Changes in Family Structures on Intergenerational　Transfer of Inequality in

橘木俊詔（たちばなき・としあき）

1943（昭和18）年，兵庫県生まれ．67年，小樽商科大学商学部卒業．69年，大阪大学大学院修士課程修了．73年，ジョンズ・ホプキンス大学大学院博士課程修了（Ph.D.）．79年，京都大学経済研究所助教授．86年，同大学同研究所教授．2003年，同大学経済学研究科教授．この間，INSEE，OECD，大阪大学，スタンフォード大学，エセックス大学，London School of Economicsなどで教職と研究職を歴任．07年より，同志社大学経済学部教授．元日本経済学会会長．
著書『日本の経済格差』（岩波新書，エコノミスト賞）
『家計からみる日本経済』（岩波新書，石橋湛山賞）
『女女格差』（東洋経済新報社）
『家族の経済学』（共著，NTT出版）など多数

迫田さやか（さこだ・さやか）

1986（昭和61）年，広島県生まれ．2009年，同志社大学経済学部卒業．11年，同大学経済学研究科博士前期課程修了，同後期課程入学．同大学ライフリスク研究センター嘱託研究員も務める．

夫婦格差社会《ふうふかくさしゃかい》
中公新書 2200

2013年1月25日初版
2013年3月15日3版

著者 橘木俊詔
　　 迫田さやか
発行者 小林敬和

本文印刷 暁印刷
カバー印刷 大熊整美堂
製本 小泉製本

発行所 中央公論新社
〒104-8320
東京都中央区京橋 2-8-7
電話 販売 03-3563-1431
　　 編集 03-3563-3668
URL http://www.chuko.co.jp/

Published by CHUOKORON-SHINSHA, INC.
Printed in Japan　ISBN978-4-12-102200-4 C1233

経済・経営

g2

1901 年金問題の正しい考え方　盛山和夫
1795 企業福祉の終焉　橘木俊詔
1738 男性の育児休業　佐藤博樹　武石恵美子
1793 働くということ　ロナルド・ドーア　石塚雅彦訳
1897 現代中国の産業　丸川知雄
2013 無印ニッポン　堤清二　三浦展
2200 夫婦格差社会　橘木俊詔　迫田さやか